北京会展业发展报告（2023）

北京市贸促会
北京市商务局
北京市统计局　　编
中国会展经济研究会

中国商务出版社
·北京·

图书在版编目（CIP）数据

北京会展业发展报告 . 2023 / 北京市贸促会等编
. -- 北京：中国商务出版社，2023.12
　ISBN 978-7-5103-4972-0

　Ⅰ . ①北… Ⅱ . ①北… Ⅲ . ①展览会－产业－区域经
济发展－研究报告－北京－ 2023 Ⅳ . ① G245

中国国家版本馆 CIP 数据核字（2024）第 021111 号

北京会展业发展报告（2023）

北京市贸促会
北京市商务局
北京市统计局　　　编
中国会展经济研究会

出　　版：中国商务出版社
地　　址：北京市东城区安外东后巷 28 号　邮　编：100710
网　　址：http://www.cctpress.com
联系电话：010-64515150（发行部）　　010-64212247（总编室）
　　　　　010-64269744（商务事业部）　010-64248236（印制部）
责任编辑：张高平
排　　版：廊坊展博印刷设计有限公司
印　　刷：廊坊蓝海德彩印有限公司
开　　本：710 毫米 × 1000 毫米　1/16
印　　张：14　　　　　　　　字　数：248 千字
版　　次：2023 年 12 月第 1 版　　印　次：2023 年 12 月第 1 次印刷
书　　号：ISBN 978-7-5103-4972-0
定　　价：78.00 元

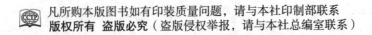

北京会展业发展报告（2023）
编委会

前言 ▶ ▶ ▶

    会展是构建现代市场体系和对外开放体系的重要平台，是连接生产与消费、供给与需求的重要桥梁，是联通国际与国内，利用两个市场、两种资源为中国式现代化建设服务的重要载体。

    北京是世界主要会展城市之一，会展资源丰富，基础良好，发展潜力大。冬奥会、冬残奥会的成功举办，使北京成为全球首个"双奥之城"，国际交往中心地位进一步得以巩固；中国国际服务贸易交易会、中关村论坛、金融街论坛、北京文化论坛四大平台规模、层级和影响力日渐提升，各类商业会展异彩纷呈；会展设施建设取得新的突破，产业链服务功能齐全，配套服务能力不断增强；跨国企业、央企、行业组织集聚，总部经济特征突出，会展机构众多；北京经济总量大，发展势头好，产业结构持续优化，为北京会展业高质量发展奠定了坚实基础。

    2023年是全面贯彻落实党的二十大精神的开局之年，是全面恢复线下展会的第一年。为客观分析认识北京会展业发展现状、基础条件和政策导向，梳理北京会展业的发展思路，推进会展业高质量发展，更好地发挥会展业对北京"四个中心"功能建设、经济社会高质量发展、城市影响力提升的促进作用，北京市贸促会、北京市商务局、北京市统计局，会同中国会展经济研究会组织编制《北京会展业发展报告（2023）》。本书包括主报告、专题研究篇、重点项目篇、政策法规篇等，可供业界朋友参考。

    不当之处，敬请批评指正。

编 者

2024 年 4 月

目录 ▶▶▶

第一部分　主报告

2023 北京会展业发展报告

　　会展业作为外向型窗口行业，具有综合性强、产业关联度高、带动效应明显等特征，以举办各种会议和展览活动为核心，集商务活动、信息交流、观光游览、文化娱乐于一体，包含展览、会议、奖励旅游、节庆活动、体育赛事等多种业态，是促进行业交流的载体和平台，对经济发展和社会进步具有很强的拉动效应和催化作用，已成为拉动内需、扩大开放、提升城市综合竞争力的重要引擎。

　　2023 年是全面贯彻落实党的二十大精神的开局之年，是三年新冠疫情防控转段后经济恢复发展的一年。一年来，中国会展业全面复苏，各类展会活动成功举办，为推动经济社会发展注入了强劲动力，也为各国企业深化合作搭建了公共平台。

　　北京是世界主要会展城市之一，会展资源丰富，发展潜力巨大。2023 年，北京圆满完成第三届"一带一路"国际合作高峰论坛服务保障任务，国际交往中心地位进一步巩固；中国国际服务贸易交易会、中关村论坛、北京文化论坛、金融街论坛规模、层级和影响力日渐提升；各类专业展、品牌展会成功举办；会展设施建设取得新突破；产业链服务功能日益完善，配套服务能力不断增强。北京会展业在优化提升首都功能、加强"四个中心"功能建设、推进"两区"建设、促进"五子"联动、深化国际合作、实现高质量发展的进程中，稳中求进，阔步前行。

一、全球会展业全面复苏

　　会展业是对外开放的助推器和对外经贸发展的风向标。活动产业理事会（EIC）与牛津经济研究所在 2023 年 5 月联合发布《2023 全球商务活动对经济的影响》。该报告指出，2019 年全球 180 个国家和地区共 16 亿人次参加了各类会展和活动，产生的直接消费达到 1.15 万亿美元，支持了 1090

万个直接工作机会，产生的直接 GDP 贡献约为 6626 亿美元。

2023 年 7 月，国际展览业协会（UFI）发布《全球展览行业晴雨表》，预计 2023 年全球展览业收入将达到 2019 年水平的 97%。2023 年 12 月，知名咨询公司德国 JWC 会展咨询发布《全球会展业发展报告 2023》。该报告指出，2023 年全球举办专业贸易展约 3 万场，净展览租赁面积约 1 亿平方米，参展商约 440 万家，参展观众约 2.8 亿人，全球展览业市场规模超过 300 亿欧元。

二、中国会展业发展持续向好

2023 年是中国全面恢复线下展会的第一年，随着国民经济的持续恢复、政策支持力度的不断加强、国际交往的不断恢复，中国展览业呈现了持续向好局面。

（一）经贸类展会恢复到疫情前水平

2023 年，中国共举办经贸类展会 3923 项，比 2022 年增加 2116 项，同比增长 117.1%；比 2019 年增加 376 项，同比增长 10.6%，超越疫情前水平。2023 年，中国经贸类展会总面积 1.41 亿平方米，比 2022 年增加 8548 万平方米，同比增长 153.3%；比 2019 年增加 1076 万平方米，同比增长 8.25%，同样超越疫情前水平[1]（见图 1.1）。

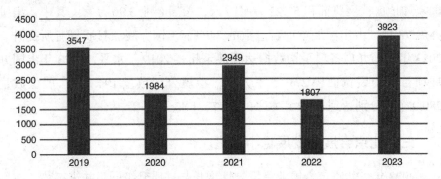

图 1.1 2019—2023 年中国经贸类展会数量变化（单位：项）

资料来源：根据中国贸促会《中国展览经济发展报告 2023》统计。

---

[1] 根据中国贸促会《中国展览经济发展报告 2023》统计。

（二）展馆实际运营数量、利用效率大幅提升

2023 年，中国实际运营展览馆 194 个，比 2022 年增加 58 个，比 2019 年增加 21 个，数量创历史新高。[①] 其中有 40 个展览馆举办 30 项及以上展会，比 2022 年大幅增加 22 项，增幅达 122.22%，比疫情前的 2019 年增加 4 项，增幅为 11.11%。有 35 个展览馆举办展会总面积在 100 万平方米以上，比 2022 年增加 15 个，增幅达 75%，比疫情前的 2019 年增加 3 个，增幅为 9.38%。

（三）市场主体经营情况不断恢复

UFI 数据显示，在营业收入方面，所有受访中国企业均表示 2023 年营业收入已超过 2019 年的 50%，其中 54% 的受访企业表示已经恢复到 2019 年的 75% 以上；在营业利润方面，14% 的受访企业表示 2023 年利润已经达到 2019 年的 110%，21% 的受访企业表示 2023 年利润在 2019 年的 90%~110% 之间，50% 的受访企业表示 2023 年利润比 2019 年减少 11%~50%，没有企业反映 2023 年出现亏损。

（四）企业出国参展办展力度不断增强

2023 年，由中国贸促会审批并实际执行出国展览 900 项，涉及 55 个国家和地区，展览面积 57.22 万平方米，参展企业 3.96 万家。其中，出国办展 78 项，占出国展览项目总数的 8.7%，出国办展项目质量有所提升。2023 年出国办展各项平均数据达到其至超过 2019 年水平，2023 年出国办展项目场均展览面积 2719.5 平方米，参展公司数量 194.1 家，展位数量 280.9 个，分别达到 2019 年水平的 0.97、1.33、1.2 倍。

三、北京会展业发展稳中有进

2023 年，北京市会展业呈恢复性增长与提质升级同步并进态势，在积极消除疫情影响、服务首都功能、赋能城市发展、扩大数量规模、提升基

---

① 根据中国贸促会《中国展览经济发展报告 2023》统计。

础设施、优化营商环境等方面取得显著进步。

（一）立足首都城市定位，会展活动服务"四个中心"能力不断增强

北京与国内其他城市最大的不同，就是其作为中国的首都。发挥首都优势，是北京会展业发展的重要立足点和着力点。在服务首都功能和国家战略的实践中，北京会展业的特色化、专业化、品牌化和国际化发展更有基础和保障。2023 年，北京健全重大国事活动服务保障常态化工作机制，圆满完成第三届"一带一路"国际合作高峰论坛服务保障任务。国际交往中心功能持续提升，中国国际服务贸易交易会于 2023 年 9 月成功举办，展览面积 15.5 万平方米，参展企业超过 2400 家，百余场论坛会议聚焦全球服务贸易发展热点趋势，百余项权威信息发布，宣示中国推进高水平对外开放的信心决心。2023 年 5 月举办中关村论坛，超过 200 家国外组织和机构参与活动，23 个国家和地区的 160 多家外资企业机构参加展览，展览国际化率超 25%。2023 金融街论坛年会，邀请 400 余位国内及相关国家和地区的经济金融部门领导人、国际经济金融组织、金融机构负责人以及世界各地的专家学者，共同探讨深化国际合作机遇，积极贡献促进经济共赢发展的金融力量。2023 年北京文化论坛升格为国家级、国际性论坛，为我国面向世界开展文化交流、文明互鉴增添了一个新的重要窗口。与此同时，在推进国际消费中心城市、全球数字经济标杆城市和"两区"建设实践中，北京会展业的战略作用持续增强，第十六届中国—拉美企业家高峰会、首届中国国际供应链促进博览会等会展活动圆满举办，形成了北京会展业发展的鲜明特色和独特格局。

（二）积极赋能城市发展，会展与相关产业融合发展持续演进

2023 年，北京会展业更加聚焦新一代信息技术、医药健康引领支柱产业和集成电路、智能网联汽车、智能制造与装备、绿色能源与节能环保、区块链与先进计算、科技服务、智慧城市、信息内容消费特色优势产业，发挥会展促进城市对外交往、深化国际经贸合作、服务创新成果展示、拓展产业发展空间的功能。年内举办智能网联汽车大会、医疗仪器设备展会、世界机器人大会、世界 5G 大会、国际风能大会、国际信息通信展览会等一批与主导产业方向高度契合的国际化、品牌化展会76个，占到全年展会总数量的30%。持续做强中国国际汽车用品展览会、中国国际机床展览会等会展活动，在专业展会期间举办各类新产品新技术发布会和品牌推介活动133场。北京市贸促会创办"首届北京国际投资合作研讨洽谈会"，通过组织双向投资高峰论坛、产业园区推介洽谈、招商引资项目发布和专业投资服务对接，为"一带一路"沿线国家、中外金融投资机构和北京重点产业园区提供直接交流的机会，促进双向投资项目落地。举办"北京—中东投资贸易推介会"，为促进北京与中东地区双向投资贸易搭建了新平台。组织企业参加澳门国际贸易投资展览会，拓展了与澳门和葡语国家经贸合作渠道。积极发展"会、展、节、演、赛"等综合性活动，北京国际电影节、北京国际音乐节、北京国际时装周、北京国际设计周、中国网球公开赛、国际滑联短道速滑世界杯、国际滑联花样滑冰大奖赛等一批重要节庆赛事圆满举办。珠宝展、家博会、美博会、婚博会等展会平台，吸引服装、首饰、美妆、珠宝、文创、科技等消费品类的国内外品牌首发首秀，成为拉动经济增长的新载体、新引擎。

（三）着力提升硬件水平，会展场馆及配套设施建设不断完善

2023年，北京市持续优化会展设施空间布局，场馆配套设施建设不断完善，会展设施规模承载力稳步提升。新国展二期项目主体结构全部完工，总用地面积约64万平方米，地上建筑规模约44万平方米，集展览中心、会议中心及星级酒店于一体，将建设约20万平方米净展览面积、约2.5万平方米净会议面积及近500间客房配套酒店，建成后将成为北京市单体规模最大、功能最齐备的综合型会展场馆。雁栖湖国际会都实现扩容升级，持续优化全流程国际顶级峰会功能。中关村论坛永久会址建成投用，总建筑面积约6.4万平方米，助力北京国际交往中心建设。

目前，北京有室内1万平方米以上展馆12座，室内展览面积59.24万平方米（见表1.1）。

表 1.1　北京展览设施及建设现状

序号	北京室内展馆	室内展览面积/万平方米	在建
1	中国国际展览中心（顺义馆一期）	10.68	二期，20万平方米
2	中国国际展览中心（朝阳馆）	6.0	
3	国家会议中心（一期）	4.0	二期，2万平方米
4	北京首钢会展中心	8.5	
5	北人亦创国际会展中心	3.0	
6	全国农业展览馆	2.5	
7	北京展览馆	2.2	
8	北京雁栖湖国际会展中心	1.5	
9	北京金海湖国际会展中心	1.86	
10	九华国际会展中心	14.6	
11	八达岭国际展中心	2.8	
12	中关村国家自主创新示范区展示中心	1.6	
总计		59.24	

2023 年，北京积极顺应会展业未来发展需求，推进首都国际机场、大兴国际机场"双枢纽"地区重点会展场馆及配套设施建设，打造组团式会展综合体，促进两大会展业集聚区。推进国家会议中心、北京展览馆、全国农业展览馆、中国国际展览中心、北人亦创国际会展中心等现有片区场馆丰富设施功能，提高运行效率。优化展馆交通通达性，不断提升会展配套服务功能。

（四）积极拼搏努力奋进，会展数量规模不断提升

2023 年，北京会展数量和面积相比 2022 年实现了大幅增长。据中国国际展览中心（朝阳馆、顺义馆）、国家会议中心、全国农业展览馆、北京展览馆、北人亦创国际会展中心、北京首钢会展中心、北京雁栖湖国际会展中心等主要会展场馆统计，北京全年共举办展览 252 项，展览总面积 511.2 万平方米；其中国际展览 127 项，展览面积 337.19 万平方米。据国家会议中心和北京雁栖湖会展中心两大会议场馆统计，北京全年承接会议

422 场，参会人数 37 万人次。全市会议、展览及相关服务收入 251.2 亿元，同比增长 47.1%，企业营业收入 232.5 亿元，同比增长 47.2%（见图 1.2）。

2023 年在京举办各类展览中，1 万平方米以上有 166 项，占展览总数近 2/3，其中 3 万～4.99 万平方米展览 30 项，5 万平方米以上大型展览 14 项，10 万平方米以上超大型展览 5 项。2023 年 2 月 10 日，亚洲运动用品与时尚展（ISPO Beijing2023）作为在京举办的首场商业化展会，引起社会各界高度关注。此后，中国国际环保展、中国国际广播电视信息网络展、中国国际核电工业展、中国国际石油石化技术装备展览会等行业权威大展相继亮相。其中，中国国际汽车服务用品及设备展览会暨首届中国国际新能源汽车供应链大会展览面积达到 15 万平方米，展品数量超 20 万种，专业观众超 10 万人次；中国国际机床展览会，展览总面积 13.5 万平方米，比 2019 年增加 20% 以上，展览品种和规格覆盖面均创新高。

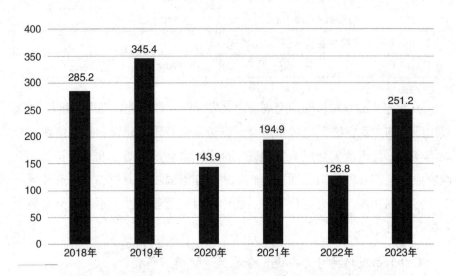

图 1.2　2018—2023 年北京市会展业收入变化（单位：亿元）

资料来源：根据北京市统计局公开数据整理。

（五）多措并举构建优质高效服务体系，会展营商环境持续优化

北京市高度重视会展业发展，2023 年，以持续打造营商环境"北京服务"品牌为抓手，新增大型活动等 23 个"一件事"集成服务事项。强化政策创

新，出台《关于促进本市会展业高质量发展的若干措施》，持续优化会展业发展环境，编制并实施大型展会集成审批事项清单，实行动态管理。不断压缩展会活动各环节审批审核时限，全面推进本市大型展会活动"一件事"集成办事场景建设，实现"一套材料、一表申请、一口受理、一窗出件"。细化完善展会审批标准，对不同类型、不同规模展会的配备标准，指导场馆结合展会参与人员数量、活动规模，提出配备意见。规范展会现场监管，加强对安全风险评估、安保、消防技术服务机构等第三方机构的管理，充分发挥市场竞争的作用，给予办展企业更多选择权。加大对会展业金融支持，重点支持场馆建设运营、展会资源整合、展会品牌孵化。制定促进会展业发展奖励政策。对于获得国际展览业协会、国际大会及会议协会等国际展览机构认证的会展项目给予奖励，坚持务实、便利的原则，细化明确奖励标准、奖励范围、申报流程和所需材料。提升参展便利化水平。积极争取海关支持，便利"展转销"，对于列入跨境电商零售进口商品清单且符合条件的进境展品，按照跨境电商网购保税零售进口商品模式销售。简化进出境手续，便利展品展后处置，支持保税展示展销常态化。

2023年12月，首届中国国际供应链促进博览会（链博会）在京圆满举办，北京市高度重视服务保障工作，在市级层面成立由18个单位组成的链博会保障机制，顺义区作为属地保障单位，成立了"一室十三组"服务专班，24小时加强服务。积极协调在城市主干道悬挂宣传道旗，为链博会召开营造浓厚氛围。动员各方力量，优化城市景观，开展社会层面动员，大力提倡文明行为，展现包容开放的首都形象。协调相关单位抓紧完成展馆周边环境整治和提升，为保障链博会停车场的规划使用提供便利。投入巡查巡检力量1820人次、保障车辆近400台班，加强市政基础设施的检查维护，确保展馆水电气通信等供应稳定。在交通方面，新开辟1000多个停车泊位，调度轨道交通、地面公交、出租车3800余台班，为参展参会的嘉宾观众提供便捷高效的出行服务。此外，通过广泛宣传，组织各级政府部门、产业园区、金融机构、科技界、产业界的企业家等专业观众5万多人观展参会，彰显北京推动产业链供应链更畅通、更高效的积极姿态。与此同时，组织13所首都高校650余名志愿者组成链博会志愿服务队，为大会提供周到、细致的服务，展现了首都青年的风采。

四、北京会展业发展面临的挑战

当前，国际形势日趋复杂，国内外区域竞争和会展资源争夺日益加剧，这些不确定、不稳定因素给北京市会展业高质量发展带来诸多不利影响。北京会展业要实现跨越式发展仍需在扩大基础设施供给、优化空间布局、发挥优势特色、释放市场潜力、强化数字化建设等方面下功夫。

（一）会展设计空间布局与规模条件仍需优化提升

截至 2023 年底，全球室内展览面积 20 万平方米以上的大型场馆共 21 家，排名前十的场馆中国有 4 家，分布在广东、上海、云南等地。从展会承载能力上来看，北京市竞争优势不足，国际大型展会引进、发展条件受限。

受单体场馆面积不足等影响，中国国际数码互动娱乐展览会（China Joy），中国国际制冷、空调、供暖、通风及食品冷冻加工展览会（中国制冷展）等大型展会曾一度迁移至其他省市举办。现有展览场馆主要分布在首都功能核心区和中心城区，部分场馆给中心城区交通、人口聚集和周边配套设施带来较大压力。距市中心较远的场馆缺乏主干道路连通，酒店、餐饮、物流等相关配套服务不完善，制约大型展览活动举办。

（二）城市特色、产业、人才优势有待进一步发挥

主场外交活动配套展览数量、功能均需进一步加强，具有较强国际影响力的品牌展会数量和质量还需提高。新一代信息技术、医药健康、新能源智能网联汽车、航空航天等北京特色优势产业相关会展活动，数量、规模、质量等还有一定提升空间。文化、科技领域资源优势利用还不充分。动漫、国潮、极限运动等深受年轻消费人群喜爱的精品综合性活动不多。消费规模优势还未充分释放。会展业对"吃、穿、住、游、购、娱"等延伸经济业态的拉动作用还未达到理想状态。人才优势贡献还不突出，国际高端会展人才供给不足，专业会展人才培训机制还不完善，难以满足北京会展业国际化发展需要。

（三）北京会展市场化程度有待提高

会展业可持续健康发展，需要政府的指导、支持和推动，更需要在市场经济环境中，充分发挥市场配置资源的决定性作用，通过市场机制汇聚资源要素，形成符合产业发展规律和发展趋势的生态环境，持续提升会展产业市场化程度和水平，增强会展业发展的动力和潜力。目前北京会展产业在优化政府主导型会展的同时，在通过市场化途径加强会展业链各要素集聚、协同，以及产业能级整体提升方面仍存在不足；在利用市场手段破解会展业发展难题、提升会议目的地宣传推广和资源整合保障水平等方面需要加强；在促进包括商业会展在内的各类会议、展览和节庆活动的繁荣发展，以及与文化、旅游、康养等其他产业的融合方面有待强化；在支持企业举办会展活动，推动市场各方力量参与会展实践，促进会展服务提供与消费对接、互动、转化等方面仍需探索创新。

（四）会展业数字化体系尚未建立

与国内外知名会展城市相比，北京市会展业在发挥示范引领作用、促进国际消费中心城市建设、促进数字化转型发展等方面还有较大提升空间，会展业数字化潜能还未得到充分释放。北京市会展行业政策、行业研究、数据统计、活动信息等会展业重要信息获取渠道众多，缺少统一的信息发布平台，存在数据分割化、条块化问题，公共信息和专业信息传导效率不高。展会项目运行集成体系相对较弱，基础数据信息循环利用率低，数字化赋能还需要进一步提升。展会组织策划运行管理等上下游产业链市场供需信息缺乏高效对接和综合利用，会展核心要素和延伸要素配置效率不高。

五、北京会展业高质量发展愿景与方向

从全球来看，会展业发展主要呈现五大趋势：一是会展业对经济的拉动作用将持续加大，二是数字技术将持续驱动行业创新，三是绿色办展愈发成为行业关注焦点，四是展览业标准化规范化水平将进一步提升，五是亚太地区等会展业新兴市场将贡献更多力量。

北京作为世界主要会展城市之一，会展业发展与服务"四个中心"功能建设要求相一致，与国家发展战略、京津冀协同发展要求相一致，与"高精尖"经济结构相契合。必须立足新发展阶段、贯彻新发展理念、构建新发展格局，牢牢把握会展工作特性，增强机遇意识和风险意识，准确识变、科学应变、主动求变。以推动北京市会展业高质量发展为主线，坚持"专业化、国际化、市场化、数字化、绿色化"方向，加快基础设施建设，优化空间布局，推动产业融合，培育首都会展品牌，加强人才培育，完善会展促进体制机制，营造会展发展良好环境。进一步增强会展业引领消费、拉动产业、促进投资、便利贸易的重要功能，持续扩大会展业的综合带动效应，实现会展业高质量发展。

（一）立足首都城市战略定位，打造彰显首都特色的会展业品牌体系

围绕服务国家战略、推动京津冀协同发展、落实首都城市战略定位，增强会展业的重大国事活动服务保障功能、国际高端要素集聚承载功能、开放发展动力支撑功能、城市对外交往示范引领功能，做强一批国家级品牌展会，谋划一批服务国家战略的新型展会，培育一批推动京津冀协同发展的优质展会，壮大一批符合主导产业发展方向的精品展会，打造彰显首都特色的会展品牌体系。做优做强国家级品牌展会，围绕国际交往中心功能持续提升中国国际服务贸易交易会国际化、市场化、专业化水平，强化"以会带展、以展促会"，做强做优服贸会品牌，打造全球最具影响力的服务贸易展会。擦亮中关村论坛"金字招牌"，提升论坛的国际化、权威性、影响力，持续打造面向全球科技创新交流合作的国家级平台。进一步提升北京文化论坛规模和影响力。全面提升金融街论坛的国际影响力和专业性，将其打造成国家金融政策权威发布、中国金融业改革开放宣传展示、服务全球金融治理的对话交流平台。办好中国北京国际科技产业博览会。谋划和培育服务国际交往的新型展会，依托国际基础科学论坛、全球数字经济大会等，积极谋划打造新的国家级展会平台。借助国家重大外事活动，加强与中央在京单位、使领馆对接，积极培育服务国际交往的品牌展。加强与京津冀政府及会展机构沟通合作，建立京津冀会展业协同发展长效机制，根据各区域产业优势，策划创办京津冀一体化协同发展主题系列会展活动；

聚焦京津冀国家技术创新中心建设、京津冀产业链规划布局和传统产业升级赋能等战略规划，策划创办新能源、智能网联汽车、工业互联网、集成电路、生物医药、电子装备等领域细分行业专业会议和展览，面向海内外组织产业链联合招商；发挥北京市会展业龙头作用，打造京津冀会展业发展集群。

（二）高效配置要素资源，构建具有国际竞争力的现代会展业体系

进一步增强会展业对拉动内需、扩大开放、提升城市综合竞争力的带动作用。推动会展与产业联动，加强会展业与战略性新兴产业、未来产业、服务业等重点产业领域联动发展，推动会展产业链、创新链、供应链深度融合，全面提升会展区域带动力和发展竞争力；推动展会主办方与本市重点商圈、特色餐饮集聚区、文化街区、产业园区等加强合作，促进会展与相关产业融合发展。推动会展与消费联动，促进会展、商务、文旅、体育等融合发展，聚焦重要节庆赛事，策划专场发布、专项展览、颁奖盛典等综合性活动，培育动漫、国潮、极限运动等深受年轻消费人群喜爱的精品活动，促进流行文化、时尚体育、潮流消费融合发展；依托珠宝展、家博会等展会平台，吸引国内外品牌首发首秀，推动展会与消费季活动合作互动、相互赋能。推动会展与贸易联动，扩大优势产品出口和优质商品进口，争取海关支持，提升参展便利化水平，简化展品进出境手续，便利展品展后处置，支持保税展示展销常态化。

（三）激发市场主体创新发展活力，完善会展业高质量发展服务体系

坚持问题导向，针对会展主办方、承办方、行业协会、场馆方等反映的痛点难点问题，加大改革力度，优化会展业发展环境；充分调动市场主体积极性，通过存量提升与增量拓展相结合，加快补齐硬件设施短板，有效增加会展设施和高品质配套服务供给，构建产业链条完整、基础设施完善、生产生活配套便利的会展生态体系。优化营商环境，精简会展审批流程，推进大型展会活动"一件事"集成办事场景建设；细化明确不同类型、不同规模展会的安保人员数量配备标准；规范对安全风险评估、安保、消防技术服务机构等第三方机构的管理，充分发挥市场竞争的作用。提升会

展场馆承载力，坚持低碳、环保、绿色理念，高水平建设大型会展场馆，加快推进新国展二期会展中心、大兴国际会展中心建设，提升本市承接大型品牌展会的硬件设施能力；推动现有场馆智慧化改造升级，提升数字化、智能化水平，满足线上线下同步办展需求。提高会展配套服务功能，坚持国际化、高端化、品质化，加快新国展三期配套设施建设，高标准规划建设大兴国际会展中心、国际消费枢纽，打造集购物、免税、娱乐、商务、酒店、体育、艺术、休闲等功能于一体的国际交往新空间；优化提升新国展交通通达性，研究加强首都机场、新国展与中心城区的轨道交通联系，合理规划建设大兴国际会展中心周边交通设施。

（四）完善促进机制，建立优质高效的会展业运营体系

遵循市场主导、政府引导、行业自律的原则，进一步健全会展业服务促进机制，优化公共服务平台，积极促进专业化行业组织发展，实现政府、协会、企业信息共享和良性互动，形成行业配套、产业联动、运行高效的会展运营体系。加强会展服务统筹调度，定期与会展场馆及主办方沟通联系，建立服务事项台账，协调解决展会筹办过程遇到的重大问题；加强市、区两级行业主管部门、贸促机构、行业协会、展览场馆协调联动，鼓励各区充分结合各自主导产业、特色园区，培育精品展会；鼓励发展第三方策展机构，主动为会展举办单位提供一站式全方位服务。强化政策支持，研究完善促进会展业发展奖励政策，进一步细化明确奖励标准、奖励范围、申报流程。加强会展金融支持，鼓励会展企业发起设立会展业投资基金，重点支持场馆建设运营、展会资源整合、展会品牌孵化，创新金融产品和信贷模式，进一步拓宽办展机构、会展服务企业和参展企业的融资渠道。优化展会服务保障，在大型国际展会期间，根据交通运输需求，增加公共交通运力；加强对展会期间周边住宿、餐饮等价格执法；加强展会知识产权保护工作，为展会主办方提供知识产权保护绿色通道和知识产权志愿者服务。研究制定北京地方性会展行业服务标准，规范会展策划运作、工程设计搭建、场馆租赁服务和安保、消防、现场监管等会展服务要求，营造公开透明的市场环境；研究设立北京地方会展行业评估标准体系，建立会展活动评估认定机制，将评估认定与支持、奖励政策相结合，提升会展项

目档次质级，引导会展品牌培育和引进。

（五）加快"走出去""引进来"步伐，着力构建北京会展业国际化发展体系

营造国际化会展发展环境。按照国际惯例，借鉴国际会展强国管理经验，建立和完善国际化的会展市场规则和市场监管体系；全方位提升会展活动策划、会展组织、场馆建设、运营服务、进出口贸易与产业合作等方面的国际化水平，提高北京会展国际竞争力。提升全球资源配置能力，引导本市企业与国际知名会展组织和国际头部展览企业开展深度合作，培育引进符合首都功能定位的国际知名展会落户；鼓励本市会展企业增强组展实力，打造具有国际竞争力的会展集团，大力吸引高水准国际化会展上下游配套市场主体；支持本市会展企业积极参与和开拓海外会展项目。提高会展活动的国际参与，以中国国际服务贸易交易会、中关村论坛和金融街论坛为引领，研究建立我市举办的大型综合性会展活动全球招商网络，最大化利用国际资源，吸引国际组织、专业机构和跨国公司，多维度分享北京举办的大型综合展、专业展聚集的合作商机；积极申办国际组织年度大会和国际协会会议，争取在京设立永久会址，吸引国际学术组织在京举办年会、论坛、研讨会等各类学术交流活动，打造国际学术会议高地；鼓励大型产业会展加大海外招商力度，加强国际买家的邀约，提升国际参展商、采购商比重，争取更多的海外行业领军企业将北京会展作为其向中国和亚洲展出最新技术成果的首发平台。加强会展业国际合作。积极开展与国际展览业协会、国际大会及会议协会、国际展览与项目协会等国际会展组织的沟通交流，支持国际会展组织在京举办行业年会、论坛峰会等，吸引其在京设立地区总部或代表处；主动对接国际知名会展企业集团，拓展联合办会办展、巡回办展等战略合作。助力会展企业"走出去"。根据北京重点产业发展方向和主要出口产品及区域，精选发布《年度国际知名展会推荐目录》，引导组织本土企业参加有影响力的国际专业展会，深入开拓新兴产业市场和新兴国家市场；支持鼓励在京落户的国内知名会展企业携其专业展览项目进入国际中高端展览市场；积极参与"一带一路"建设和《区域全面经济伙伴关系协定》

（RCEP）的实施，延续和放大"两区"连接全球推介（招商）效应，根据入库企业国别和"两区"招商主导方向，精选区域，组团赴境外举办经贸展览和招商推介活动，深化合作促进成果落地。

（六）加强数字化转型升级，建立会展业低碳高效的绿色发展体系

将数字会展作为北京建设全球数字经济标杆城市的重要内容并组织实施，推广应用大数据、人工智能、物联网、云计算等新技术，提升会展业智能化、数字化水平，带动会展管理、服务和模式创新。一是鼓励支持会展企业自主研发或与互联网公司合作，搭建数字化会展管理、运营服务平台，逐步实现信息搜索采集、参展商和专业买家数据管理、客户邀约、商务配对、现场服务、智能工具应用、追踪服务全过程的数字化导引，以定制服务、精准服务，提高会展项目黏合度。二是打造数字会展新场景，推广应用二维码签到、移动互联网 LBS（基于移动位置的服务）、人脸识别等，优化现场业务流程；引入 AI 技术、3D 技术、直播互动和 VR、AR、MR 等数字技术，再造展会现场，提升企业展示效果和观众沉浸式体验。三是推广普及线下＋线上融合互动、线下为主的"双线会展"模式。开通集展览展示、在线交流、在线考察洽谈、在线签约多功能的"云上展厅"，建立共享数据库，实现线上会展与实体会展在数字信息领域的共享和互通，虚实融合，相互赋能，突破展会固有的时间、空间限制，提升会展服务效能。四是加大政府支持引导，研究制定全市会展业数字化转型指导意见和实施细则；制定数字会展建设指导标准，构建会展企业的数字化转型支撑体系，加大数字化的资金、技术和人力投入，推动会展业科技创新。五是提升场馆数字化水平。支持现有场馆进行智慧化改造升级，完善 5G 网络建设；支持建设智慧化管理平台，提高运营效率。支持在场馆规划建设和运营中，布局新一代信息技术基础设施；运用物联网、人工智能、数字孪生（BIM 技术）等信息技术，打造数字化、智能化场馆。推进绿色会展、生态会展。增强"绿色发展"理念，按照 2023 年 3 月 17 日起实施的国家标准《绿色展览运营指南》，规范会展绿色运营，推进展会可持续发展。基于碳排放全生命周期主要环节，从能源利用、物流运输、展示形式、出行住宿、循环化利用等多维度落实低碳办展要求；引导会展业与环保产业融合发展，大力开展

绿色轻型环保材料、会展智能装备等研发生产，逐步构建绿色会展生态链，培育绿色设计、绿色材料、绿色搭建供应商队伍，并向展会推荐，加快实现设计简约化、构建模块化、材料低碳化；一站式完成碳排查、碳减排追踪、碳信用交易和抵消，智能生成碳中和报告，逐步实现零碳办展。

第二部分　专题研究篇

中国会展业发展研究

　　会展业是指由会展活动策划、营运而导致的会展场地、旅游餐饮、工程搭建、商务服务、公共服务等领域相互联系、相互作用、相互影响的产业链环节各类企业的总和。会展业属于服务业的范畴，《国民经济行业分类》将其归类为"商务服务业"，指以会议、展览为主，也可附带其他相关活动形式的服务，包括会展活动的项目策划组织、场馆租赁、安全保障等相关服务。2002 年版《国民经济行业分类》第一次设立"会议展览服务业"类别（代码 L7491）①，界定会展是为商品流通、促销、展示、经贸洽谈、民间交流、企业沟通、国际往来而举办的展览和会议等活动。会展活动加速了商品、技术、资金、信息等要素跨企业、跨行业、跨地区、跨国界流动与组合配置，促进了跨界交流与合作，推动了流通与贸易的发展，是连接生产、分配、交换与消费的重要环节，联通国际国内两个市场、利用国际国内两种资源的桥梁。既是服务贸易的有机构成，也是促进贸易的有效手段。因此，会展业成为"构建现代市场体系和开放型经济体系的重要平台"②。鉴于业态特征、运营方式和社会影响的不同，囿于数据资料的可供性，本文集中分析中国展览业的发展。

一、改革开放四十年中国展览业的发展

　　中国展览业早在二十世纪初叶就已经出现，1929 年西湖博览会更是开创了中国举办大型博览会的历史。新中国的展览伴随着不同时期社会主义革命和建设的深入不断发育成长。早在 50 年代，中国就创办了"中国出口商品交易会"，在北京、上海、广州和武汉建设了专业化的展览馆，开创

---

① 2002 年版《国民经济行业分类》（GB/T 4754–2002）。
② 国务院《关于进一步促进展览业改革发展的若干意见》（国发〔2015〕15 号）。

了新中国专业展览活动的历史；但作为一个产业业态，具有较为完整的产业链服务和业态政策体系，笔者认为，中国展览业还是形成和发展于1978年改革开放以后。

(一)中国展览业发展历程

1978年以来，中国展览业与改革开放相伴而行，并随着改革的深化和开放的扩大不断发展壮大，依据改革开放重大节点事件，笔者将其划分为四个发展阶段。

1. **起步阶段**（1978—1989年）

随着改革开放序幕的拉开，专门从事展览业务主办、承办的企业或机构产生，一些中国香港、新加坡等亚洲会展服务企业进入中国大陆，中国国际展览中心专业化展览馆在北京建设，展览市场化运作开始显现。

2. **成长阶段**（1990—2000年）

1989年夏秋之交风波过后，西方国家对中国实行制裁，国际展览活动、展会交往一度受到限制，一些已经进入的展览企业退出中国大陆展览市场。1992年邓小平南方谈话以后，中国展览迅速恢复，并进入稳步成长阶段。这一阶段，多种经济成分的展览市场主体逐步形成，一些城市开始建设专业化展览场馆设施，展览行业由点到面逐步推开，由沿海到内地逐步延展，深圳、北京会展行业协会组织成立。

3. **全面发展阶段**（2001—2010年）

以2001年中国成功加入世界贸易组织为标志，中国展览业进入全面发展阶段。2008年北京奥运会和2010年上海世博会的成功举办，对中国展览业的发展起到了重要的推动作用。这一期间，展览策划运营、场馆设施租赁、展览专业服务产业链服务体系基本形成，展览业发展得到社会各界的普遍关注，不少地方政府将展览业发展纳入当地经济社会发展体系，加以全面规划与促进，会展市场开放度进一步扩大。

4. **转型升级阶段**（2011年以后）

经过30多年的发展，中国展览业发展逐步壮大，展览数量、场馆设施建设进入世界先进行列。2012年中共十八大八项规定出台以后，中央办公厅、国务院办公厅多次对展览活动进行清理规范，加强展览业管理规范，加快市场化进程。2015 年，国务院发布了《关于进一步促进展览业改革发展的若干意见》，指明了中国展览业市场化、专业化、国际化、品牌化发展方向，明确了中国展览业发展的指导思想、管理原则和发展路径。中国展览业进入转型升级、提质增效发展新阶段。

（二）中国展览经济规模与增长速度

1. 境内展览数量与面积

根据中国会展经济研究会的统计，2011—2019 年，会展举办城市从 83 个增加到 187 个，展览总数从 7330 场增加到 11033 场，展览总面积从 8173 万平方米增至 14877.38 万平方米。按最初统计到的 83 个城市可比口径计算，2019 年 83 个城市展览数量和面积年均增长率分别为 3.39% 和 7.32%。2019 年，这 83 个城市展览数量和面积分别占全国的 86.77% 和 91.14%，它们仍然是中国展览城市的主体。

表 2.1　2011—2019 年全国展览城市、展览数量与展览面积统计

年份	统计城市 /个	展览数量 /场	同比 +- /%	展览面积 /万平方米	同比 +- /%	平均面积 /万平方米
2011	83	7330		8173		1.12
2012	101	6901	−5.85	8250	0.94	1.20
2013	124	6904	0.04	8956	8.56	1.30
2014	140	7495	8.56	9736	8.71	1.30
2015	161	8157	8.83	10846	11.4	1.33
2016	159	9892	21.27	13075	20.55	1.32
2017	175	10358	4.71	14285	9.25	1.38
2018	181	10889	5.13	14456	1.20	1.33
2019	187	11033	1.32	14877	2.91	1.35

资料来源：中国会展经济研究会：《2019 年度中国展览数据统计报告》，第 9 页。

2. 出境展览规模

据中国国际贸易促进委员会披露，2019 年，全国 91 家组展单位共赴 73 个国家参办展 1766 项，较 2018 年增加 94 项，同比增长 5.6%；展览面积 92.13 万平方米，较 2018 年增加 9.11 万平方米，同比增长 11.0%；参展企业 6.1 万家，较 2018 年增加 0.2 万家，同比增长 3.4%[1]。

3. 会展经济规模

中国展览直接收入在国民经济中的比重大体保持在 0.7% 左右。据商务部服务贸易和商贸服务业司与中国会展经济研究会联合发布的《中国展览行业发展报告 2016》，2015 年全国展会经济直接产值为 4803 亿元人民币，展览业在全国 GDP 中的占比为 0.71%，在服务业中的占比为 1.4%[2]。据亚太会展研究院郭牧主编的《2019 中国会展产业年度报告》估算，2018 年中国会展直接产值 6451 亿人民币，比 2017 年增加 8.5%；占全国国内生产总值的 0.72%，占第三产业总值的 1.38%；综合贡献为 5.6 万亿人民币，比 2017 年增加 9.8%[3]。

统计数据表明，中国展览业稳步增长，办展数量不断增多，展览面积持续扩大；展览面积增长速度高于展览数量增长速度，单体展览规模扩大，展览规模效应向好；展览经济初具规模，经济拉动综合贡献率稳步提升。

二、会展体系与会展格局

经过 40 多年的培育积攒，中国已经形成较为完善的会展体系和渐趋合理的会展格局。

（一）开放性会展体系

经过多年努力和打造，中国基本构建形成了开放性对外经济贸易会展体系，周边地区经济贸易合作机制性会展体系，多边机制性国际会议会展

---

[1] 中国国际贸易促进委员会：《2019 中国展览经济发展报告》，第 2 页。

[2] 商务部服务贸易和商贸服务业司，中国会展行业发展报告 2016，http://www.mofcom.gov.cn/article/gzyb/ybr/201702

[3] 郭牧：《2019 中国会展产业年度报告》，华中科技大学出版社 2019 年版，第 45 页。

体系，区域经济贸易合作和新兴产业会展体系，市场化、专业性会展体系等。

1. 开放性对外经济贸易会展体系

开放性对外经济贸易会展体系包括：中国进出口商品交易会（广交会）、中国国际服务贸易交易会（服贸会）、中国投资贸易洽谈会（厦洽会）、中国（上海）国际技术进出口交易会（上交会）、中国义乌国际小商品博览会（义博会）、中国加工贸易产品博览会（加博会）、中国国际进口博览会（进博会）、中国国际消费品博览会（消博会）、全球数字贸易博览会（数贸会）等经济贸易类展览会。

2. 周边地区经济贸易合作机制性会展体系

周边地区经济贸易合作机制性会展体系包括中国—东盟博览会（广西·南宁）、中国—亚欧博览会（新疆·乌鲁木齐）、中国—阿拉伯国家博览会（宁夏·银川）、中国—东北亚博览会（吉林·长春）、中国—俄罗斯博览会（黑龙江·哈尔滨）、中国—南亚博览会（云南·昆明）、中国—蒙古国博览会（内蒙古·呼和浩特）、中国非洲经贸博览会（中非博览会）等。

3. 多边机制性国际会议会展体系

多边机制性国际会议会展体系包括博鳌亚洲论坛、夏季达沃斯论坛、"一带一路"国际合作高峰论坛、亚太经合组织领导人非正式会议、上合组织峰会、金砖国家峰会、G20峰会等。

4. 区域经济贸易合作和新兴产业会展体系

区域经济贸易合作会展有中国西部博览会、中国中部投资贸易博览会等；新兴产业会展有中国贵州大数据博览会、中国重庆国际智能产业博览会、中国石家庄国际数字经济博览会等。

5. 市场化、专业性会展体系

市场化、专业性会展是中国会展经济的主体，也是中国会展经济发展的方向，随着市场化改革进程的深化，政府主导型展会逐步淡出，市场化、专业性会展比重不断增加。

（二）会展格局

经过多年努力，中国会展逐步形成了具有自己特色的格局：会展活动遍及 31 个省、自治区、直辖市，主要城市都办有会展活动；东部沿海省市办展占据主要地位，中西部会展业发展进程加快，比重增加，东中西格局渐趋合理；展会行业分布广泛，第一、第二、第三产业都有展会。

1. 省、自治区、直辖市分布

全国 31 个省、自治区、直辖市都办有会展活动，但发展进程不一，行业分布不太均匀，集中化趋向较为明显，主要会展省、自治区、直辖市占比加大。根据中国会展经济研究会的统计，2019 年，全国按展览面积排名的前十个省（直辖市）的展览数量占全国的 71.52%，展览面积占全国的 72.69%（见表 2.2）。

表 2.2　2019 年全国各省份展览数量和展览面积统计

序号	省份	展览数量 / 场	展览数量全国占比 / %	展览面积 / 万平方米	展览面积全国占比 / %	展览平均面积 / 万平方米
1	上海	1043	9.45	1941.67	13.05	1.86
2	广东	1029	9.33	1721.83	11.57	1.67
3	山东	1004	9.10	1505.28	10.12	1.50
4	江苏	1186	10.75	1080.75	7.26	0.91
5	四川	953	8.64	1020.84	6.86	1.07
6	重庆	513	4.65	992.00	6.67	1.93
7	浙江	697	6.32	831.96	5.59	1.19
8	辽宁	729	6.61	689.70	4.64	0.95
9	北京	324	2.94	589.80	3.96	1.82
10	河南	412	3.73	442.23	2.97	1.07
11	福建	343	3.11	420.44	2.83	1.23
12	河北	337	3.05	416.78	2.80	1.24
13	云南	132	1.20	374.00	2.51	2.83
14	吉林	180	1.63	325.63	2.19	1.81

续表

序号	省份	展览数量/场	展览数量全国占比/%	展览面积/万平方米	展览面积全国占比/%	展览平均面积/万平方米
15	湖南	274	2.48	324.50	2.18	1.18
16	湖北	274	2.48	290.80	1.95	1.06
17	安徽	295	2.67	265.08	1.78	0.90
18	陕西	226	2.05	244.10	1.64	1.08
19	天津	123	1.11	226.76	1.52	1.84
20	黑龙江	45	0.41	198.90	1.34	4.42
21	广西	156	1.41	197.23	1.33	1.26
22	贵州	156	1.41	164.81	1.11	1.06
23	内蒙古	128	1.16	121.33	0.82	0.95
24	山西	164	1.49	119.76	0.80	0.73
25	江西	101	0.92	113.93	0.77	1.13
26	新疆	39	0.35	78.55	0.53	2.01
27	海南	29	0.26	53.04	0.36	1.83
28	甘肃	78	0.71	49.35	0.33	0.63
29	青海	27	0.24	37.53	0.25	1.39
30	宁夏	34	0.31	36.30	0.24	1.07
31	西藏	2	0.02	2.50	0.02	1.25
总计		11033		14877.38		1.35

资料来源：中国会展经济研究会：《2019 年度中国展览数据统计报告》，第 11 页。

2. 东中西格局

据 2019 年中国会展经济研究会的统计，东部沿海地区 12 省、自治区、直辖市（辽宁、北京、天津、河北、山东、江苏、上海、浙江、福建、广东、广西、海南）举办展览 6100 场，展览面积 9463.97 万平方米，展览数量占全国的 55.29%，展览面积占全国的 62.55%。中西部地区 19 省、自治区、直辖市（山西、内蒙古、吉林、黑龙江、安徽、江西、河南、湖北、湖南、陕西、甘肃、青海、宁夏、新疆、四川、重庆、云南、贵州、西藏）举办展览 4933 场，展览面积 5571 万平方米，分别占全国的 44.71% 和 37.45%。2015 年，我国东部地区 12 省、直辖市、自治区办展 5699 场，占全国的 61.39%，展览面积 7834.55 万平方米，占全国的 66.41%；中西部地区 19 省、直辖市、自治区办展 3584 场，占全国的 38.61%；展览面积 4062.45 万平方米，占全国的 33.59%[①]。与 2015 年相比，中西部地区展览数量增加了 6.1 个百分点，展览面积增加了 3.86 个百分点。按东部和中西部地区划分，东部地区占据主导地位，中西部地区增速加快，份额提升。

3. 主要会展城市

2019 年，中国会展经济研究会统计委员会调研了 638 个城市，汇集了 187 个城市的展览数据。全国会展聚集性特征较为明显，按展览面积排名前十的城市举办了展览 4397 场，占全国的 39.86%；展览面积 7095.99 万平方米，占全国的 47.52%（见表 2.3）。

表 2.3　2019 年全国排名前十的会展城市

序号	城市	展览数量／场	展览数量全国占比／%	展览面积／万平方米	展览面积全国占比／%
1	上海市	1043	9.45	1941.67	13.05
2	广州市	690	6.25	1024.02	6.88
3	重庆市	513	4.65	992.00	6.67
4	北京市	324	2.94	589.80	3.96
5	南京市	543	4.92	512.30	3.44
6	青岛市	286	2.59	426.00	2.86
7	成都市	335	3.04	425.20	2.86
8	沈阳市	410	3.72	416.00	2.80
9	深圳市	121	1.10	395.00	2.66
10	昆明市	132	1.20	374.00	2.51

资料来源：中国会展经济研究会：《2019 年度中国展览数据统计报告》，第 12 页。

[①] 商务部服务贸易和商贸服务业司，中国会展行业发展报告 2016，http://www.mofcom.gov.cn/article/gzyb/ybr/201702

　　主要会展城市中,北京、上海、广州是业内公认的一线会展城市。2019年,三大会展城市共举办展览2057场,展览面积3555万平方米,分别占全国总数的18.64%和23.9%。在三大会展城市中,上海、广州发展势头较好。2019年,上海、广州展览总面积均超过1000万平方米。其中上海办展1043场,展览面积1941.67万平方米;广州办展690场,展览面积1024.02万平方米;而北京相对地位下降（见图2.1、图2.2）。

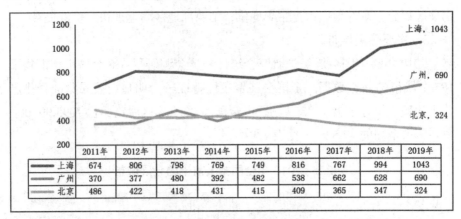

	2011年	2012年	2013年	2014年	2015年	2016年	2017年	2018年	2019年
上海	674	806	798	769	749	816	767	994	1043
广州	370	377	480	392	482	538	662	628	690
北京	486	422	418	431	415	409	365	347	324

图 2.1　2011—2019 年三大会展城市展会数量变化趋势

资料来源：中国会展经济研究会：《2019 年度中国展览数据统计报告》，第 19 页。

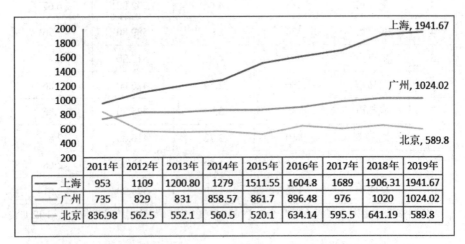

	2011年	2012年	2013年	2014年	2015年	2016年	2017年	2018年	2019年
上海	953	1109	1200.80	1279	1511.55	1604.8	1689	1906.31	1941.67
广州	735	829	831	858.57	861.7	896.48	976	1020	1024.02
北京	836.98	562.5	552.1	560.5	520.1	634.14	595.5	641.19	589.8

图 2.2　2011—2019 年中国一线城市境内举办展会面积变化趋势

资料来源：中国会展经济研究会：《2019 年度中国展览数据统计报告》，第 20 页。

4. 会展城市群、带

依据区位特色、国家发展战略布局，我国逐步发展形成了长三角、珠三角和环渤海三大会展城市群，中部、西部、东北三个会展城市带，海南和海西两个会展城市特区。2018 年，长三角地区共举办展会 2898 场，占全国总数的 26.61%；展览面积 3776.45 万平方米，占全国总数的 26.12%；展览

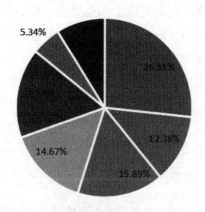

图 2.3 2018 年各地区展览数量占比

资料来源：根据中国会展经济研究会《2018 年度中国展览数据统计报告》计算。

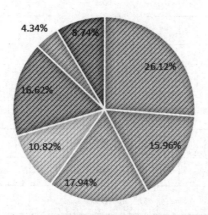

图 2.4 2018 年各地区展览面积占比

资料来源：根据中国会展经济研究会《2018 年度中国展览数据统计报告》计算。

数量和面积占比均处于领先地位。珠三角办展数量占比 12.38%，面积占比 15.96%。京津冀及环渤海办展数量和面积分别占比 15.89% 和 17.94%。中部、西部、东北举办展会数量分别占全国的 14.67%、21.53% 和 8.92%，展览面积分别占全国的 10.82%、20.96% 和 8.74%（见图 2.3、图 2.4）。

5. 行业分布

据中国会展经济研究会统计工作委员会互联网检索 + 抽样调查样本分析，2019 年采集到的 5781 场样本展览中，综合性展览 507 场，展览面积 940.2 万平方米，占样本总数的 8.77% 和 8.19 %；行业性展览 5274 场，展览面积 10546.36 万平方米，占样本项目总数的 91.23% 和 91.81%。按展会内容所属行业划分，展会涉及 27 个行业大类、131 个细分行业小类。其中乘用车展览数量最多，达 729 场，占行业类展览总数的 13.82%，展览总面积 1336.17 万平方米，占行业类展览总面积的 12.67%；其次为建筑装修装饰材料及建筑五金、家装等行业展览（见表 2.4）。

表 2.4　2019 年展览面积位居前十名的行业

行业	展览数量 / 场	展览面积 / 万平方米
乘用车	729	1336.17
建筑装修装饰材料及建筑五金	169	445.41
家装	242	386.89
糖茶酒及饮品	176	360.64
家具及红木家具	77	290.03
美容美发	94	245.49
文化产业	163	240.12
动漫	229	222.08
儿童用品	103	184.63
广告设备及印刷	77	183.51

资料来源：根据《2019 年度中国展览数据统计报告》整理。

6. 展会规模

2019 年 5781 场样本展览中，按展览面积规模划为四个档次。其中，1万平方米以下的展览 2608 场，占样本总数的 45.11%，展览总面积 1266 万平方米，占样本总数的 11.70%；10 万平方米及其以上展览 171 场，占样本总数的 2.96%，展览总面积 2969 万平方米，占样本总数的 25.85%（见表 2.5）。

表 2.5　2019 年样本项目展览面积规模构成比例

展览规模	展览数量 / 场	占比 /%	展览总面积 / 万平方米	占比 /%
10 万平方米及以上	171	2.96	2969	25.85
5 万 ~10 万平方米	313	5.41	1985.1	17.28
3 万 ~5 万平方米	558	9.65	1994.3	17.36
1 万 ~3 万平方米	2131	36.86	3272	28.49
1 万平方米以下	2608	45.11	1266	11.70
总计	5781	100	11486.56	100

资料来源：中国会展经济研究会：《2019 年度中国展览数据统计报告》，第 72 页。

三、综合会展国力比较与国际地位

经过几十年的发展，中国会展业综合国力不断增强，展览数量、面积、会展设施拥有量都名列世界前茅，国际影响力日渐扩大，国际地位不断提升，中国已经成为名副其实的会展大国。

上海大学会展研究院开发出一个会展指数指标来综合评价国家、城市的会展实力。会展指数包括展馆发展指数、展会发展指数、组展商发展指数。

（一）综合会展国力分析

在全球 18 个主要会展国家（拥有 10 万平方米以上展馆，或拥有全球百强展会，或拥有营业额在 1 亿欧元以上的组展商）的三大指数比较中，德国第一，中国排名第二，其他依次为英国、美国、意大利、法国、西班牙、瑞士、荷兰、俄罗斯、比利时、瑞典、波兰、捷克、韩国、土耳其、新加坡、泰国。

1. 展馆指数排名

依据国际展览业协会 2017 年 12 月 13 日发布的《2017 年全球展览馆地图》数据，全球净展览面积超过 5000 平方米展览场馆 811 个，存量总面积达到 2496 万平方米，与 2011 年相比，增加 1.4%（见表 2.6）。

表 2.6　2017 年主要会展国家展馆数量及面积

排名	国家	场馆数量 / 个	室内展览面积 / 平方米
1	美国	326	6,850,426
2	中国	110	5,753,724
3	德国	60	3,228,020
4	意大利	43	2,304,748
5	法国	93	2,192,508
6	西班牙	44	1,526,319
7	加拿大	34	840,376
8	巴西	31	788,011
9	俄罗斯	28	768,276
10	荷兰	42	709,701

资料来源：国际展览业协会：《2017 年全球展览馆地图》，2017 年 12 月 13 日发布。

2. 展会指数变化

展会指数的主要数据依据是《进出口经理人》每年发布的"世界展商 100 大排行榜"。《进出口经理人》从 2008 年开始推出"世界展商 100 大排行榜"。2019 年 7 月，《进出口经理人》杂志第 12 次推出"2019 年世界商展 100 大排行榜"。12 年来，中国入榜的展会越来越多，排名不断靠前，平均面积也越来越大。2008 年，中国进入 100 强榜单的展会只有 4 项，2019 年增加到 22 项，跻身前 10 的有 4 项，跻身前 50 的有 10 项（见表 2.7）。

表 2.7　2008—2019 年世界商展 100 强入围国家分布统计

年份	2008	2009	2010	2011	2012	2013	2014	2015	2016	2017	2018	2019
德国	62	59	58	56	56	55	53	50	52	51	51	50
俄罗斯	1	1	1	1	2	2	2	2	1	0	1	1
法国	7	8	7	7	6	7	7	9	8	9	8	7
美国	8	9	7	7	3	4	5	5	4	5	5	5
瑞士	1	1	1	1	1	2	2	2	2	2	2	1
西班牙	4	4	3	2	2	1	1	1	1	0	0	0
意大利	11	10	8	11	12	12	11	10	11	11	11	13
英国	2	2	1	1	1	0	2	1	1	1	0	0
阿联酋	0	0	0	0	0	0	0	0	0	0	0	1
中国	4	6	14	14	17	17	19	20	20	21	22	22

资料来源：根据《进出口经理人》历年书籍整理。

3. 展商指数分析

据德国经济展览和博览会委员会（AUMA）发布的《2017 年全球展览公司收入榜单》，2017 年世界有 34 家顶级展商综合收入超过 1 亿欧元，总计 99.31 亿，平均 2.92 亿；其中英国 9 家，德国 8 家，法国、意大利各 3 家，荷兰、西班牙各 2 家，瑞士、比利时、瑞典各 1 家，中国 2 家，日本 1 家，美国 1 家（见表 2.8）。

表 2.8　2017 年年收入超 1 亿欧元的展览公司榜单

worldwide(more than Euro 100 m)	2017	2016	2015
Reed Exhibitions(GB)	1,264.0	1,277.4	1,183.0
UBM plc(GB)	979.0	830.6	855.5
Messe Frankfurt(D)	669.1	647.0	647.8
Informa(GB)	631.1	358.3	356.1

续表

worldwide(more than Euro 100 m)	2017	2016	2015
GL events(F)	481.9	452.6	456.0
MCH Group(CH)	421.8	410.0	384.5
Messe Düsseldorf(D)	367.0	442.8	302.0
Koelnmesse(D)	357.9	274.0	321.2
Deutsche Messe(D)	356.4	302.3	329.3
Messe München(D)	332.6	428.1	277.4
Emerald Expositions(USA)	285.2	305.9	281.0
Messe Berlin(D)	284.0	309.4	242.0
Fiera Milano(I)	271.3	221.0	337.3
HKTDC(HK)**	254.1	237.6	223.1
Ascential plc/i2i Events Group(GB)	221.7	210.1	204.0
NürnbergMesse(D)	205.5	288.0	203.7
Fira Barcelona(E)	187.6	165.0	148.0
NEC Group.Birmingham(GB)	182.9	170.2	174.2
ITE Group(GB)	173.2	155.8	183.1
PSPA TOPCO Limited[Clarion Events](GB)	171.1	182.8	n/a
Artexis Group Easyfairs Group SA/NV(B)	160.1	114.9	107.0
Tokyo Big Sight(JP)	157.1	178.0	160.1
VIPARIS(F)***	146.0	165.0	n/a
Tarsus Group(GB)	132.5	79.8	117.9
dmg::events(GB)	131.8	122.6	128.1
Landesmesse Stuttgart(D)	131.0	158.5	120.6
IEG Italian Exhibition Group(I)	130.7	124.8	n/a
SNIEC Shanghai New Int.Expo Centre(CN)	127.5	121.1	115.7

续表

worldwide(more than Euro 100 m)	2017	2016	2015
Svenska Mässan Göteborg(S)	126.6	131.0	128.9
BolognaFiere(I)	126.0	132.4	119.0
Amsterdam RAI(NL)	123.3	120.2	126.2
IFEMA Madrid(E)	118.1	105.6	97.6
Jaarbeurs Utrecht(NL)	115.7	111.1	133.3
Comexposium(F)	108.1	126.6	108.5

资料来源：德国经济展览和博览会委员会：研究报告，2017 年 8 月 18 日发布。

（二）城市会展实力比较

依据综合会展实力指数指标，上海大学会展研究院每年选取世界 55 个主要会展城市进行实力综合评价。2015 年入选的城市包括：德国 10 个、中国 9 个、美国 7 个、意大利 7 个、西班牙 4 个、英国 3 个、法国 2 个、荷兰 2 个、瑞士 2 个、俄罗斯 1 个、新加坡 1 个、韩国 1 个、泰国 1 个、土耳其 1 个、波兰 1 个、捷克 1 个、比利时 1 个、瑞典 1 个。中国入选的 9 个城市是上海、广州、北京、重庆、武汉、成都、深圳、香港、厦门。2015 年，上海一举超过巴黎和法兰克福，荣登榜首；其他城市排名依次为：广州第 10、北京第 18、重庆第 23、武汉第 28、成都第 42、深圳第 47、香港第 48、厦门第 52（见表 2.9）。

表 2.9　世界会展城市实力排名

城市	2015 年排名	2014 年排名	城市	2015 年排名	2014 年排名
上海	1	3	杜塞尔多夫	6	6
汉诺威	2	4	米兰	7	8
巴黎	3	1	慕尼黑	8	9
法兰克福	4	2	伦敦	9	5
科隆	5	7	广州	10	10

续表

城市	2015 年排名	2014 年排名	城市	2015 年排名	2014 年排名
柏林	11	13	乌德勒支	33	31
博洛尼亚	12	16	布鲁诺	34	34
拉斯维加斯	13	15	休斯敦	35	35
莫斯科	14	11	路易斯维尔	36	—
纽伦堡	15	18	巴里	36	36
巴塞罗那	16	14	罗马	39	38
巴塞尔	17	17	里昂	40	12
北京	18	26	莱比锡	41	25
芝加哥	19	19	埃森	42	40
洛杉矶	20	—	成都	42	—
维罗纳	21	27	毕尔巴鄂	44	43
瓦伦西亚	22	20	日内瓦	44	44
重庆	23	21	波兹南	46	45
伯明翰	24	22	深圳	47	48
马德里	25	23	香港	48	51
里米尼	26	33	新奥尔良	49	48
首尔	27	42	新加坡	50	41
武汉	28	28	帕尔玛	51	49
曼谷	29	30	厦门	52	54
布鲁塞尔	30	39	范堡罗	53	53
亚特兰大	31	32	哥森堡	54	—
斯图加特	31	29	阿姆斯特丹	55	52

资料来源：张敏：《中外会展业动态评估研究报告 2017》，社会科学文献出版社 2018 年版，第 69-70 页。

四、抗疫、坚守与创新

2020 年，突如其来的新冠疫情暴发，给经济社会、人们生活带来了巨大的影响和冲击，会展业遭受到沉重打击，世界会展全面陷于停滞。据国际展览业协会（UFI）评估数据，2020 年全球会展业损失惨重，与 2019 年相比，全球会展业收入减少 68%，会展相关行业总产出至少损失 2000 亿欧元[①]。中国会展人不忘初心，坚守信念，积极探索，夺取了抗疫复展双胜利。

（一）团结抗疫

1 月 23 日，武汉封城。1 月 24 日，广东省商务厅发出通知，要求即日起暂停一切大型经贸活动。此后，出于疫情防控要求，全国各地纷纷要求暂停会展活动，中国会展活动全面按下了暂停键。

中国会展人响应国家号召，认真执行活动停办禁令，暂停举办一切会展活动；积极投身抗疫战役，利用会展平台和国际渠道优势，积极组织抗疫物资采购、捐资捐物，组织志愿者战斗在抗疫第一线；利用场馆优势，改建"方舱医院"，收治新冠患者；利用会展材料生产技术和设备，转产防疫物资，支援抗疫战线；发挥会展平台功能，创新会展服务模式，努力探索线上会展路径，为稳外贸、稳外资做出贡献。

会展业各行为主体同舟共济，团结一致，共克时艰。政府主管部门主动作为，精准施策，帮助企业纾危解困；行业中介组织加强调查研究，反映企业诉求，为政府决策提供依据，帮助行业提振信心；产业链各环节主办、场馆、服务企业精诚合作，共渡难关；企业内各部门恪尽职守，加强协作，补台担当；企业与员工同心协力，企业尽量不裁员、少裁员，员工体谅企业困难，主动提出降薪，甚至停薪。

（二）复展与创新

2020 年 5 月 8 日，国务院联防联控机制（国发明电［2020］14 号）宣布，

---

① UFI Official, https://www.ufi.org/, Feb,4,2021,Paris.

在落实防控措施的前提下，可举办各类必要的会议、会展活动。7月6日，商务部、公安部、国家卫生健康委联合颁发《关于展览活动新冠肺炎疫情常态化防控工作的指导意见》，对展览活动疫情防控提出了明确要求，释放出恢复举办展览活动的重要信号，吹响了会展业全面复展复业的进军号。

随着疫情防控形势的变化，全国各地积极推动展览业复展、复业。2021年4月30日，长沙"湖南汽车展"线下举办，打响了新冠疫情防控以后专业展览场馆现场展览第一枪，在中国，乃至世界会展业界引起了巨大的反响。6月10日，广州国际防疫物资展览会开幕。从7月初到8月11日，广州琶洲地区各展馆共举办展览活动36场，展览面积88万平方米，参展参观人数70多万人次[①]。9月初，中国国际服务贸易交易会拉开了北京展览业复展复兴序幕。随之科博会、汽车展、家博会等展会纷至沓来，精彩不断。9月15日–19日，中国国际工业博览会（中国工博会）在上海隆重举办，展览规模24.5万平方米，展商逾2000家，展现了物联、数联、智联三位一体的制造业产业链全貌。时至9月，全国主要会展城市基本全面恢复办展，南方城市发展更快一些；下半年，主要城市展会举办数量基本达到往年正常水平。6–12月，上海举办展会面积1067万平方米，恢复到2019年同期的近90%，25个10万平方米以上的展会均在下半年举办，大展数量与2019年同期持平[②]。

据中国会展经济研究会统计，2021年，全国共举办线下经济贸易类展览会5495场，展览总面积9183.57万平方米，较2020年净增87场和1456.96万平方米，增幅分别为1.61%和18.86%，分别达到2019年49.8%和61.74%的水平。

2022年，面对十分严峻的抗疫形势，中国会展人坚韧不拔，在极其困难的条件下，创造性地打造了独具特色的2022中国会展。第一，以广交会、服贸会、进博会、消博会为代表的国家重要会展活动，虽然由于疫情改期，但基本都在2022年举办了。第五届中国国际进口博览会于2022年11月5日至10日如期举办，共有145个国家、地区和国际组织参展。来自127个

---

① 《广州日报》，2021年8月11日报道。

② "展会数量和规模全球第一，看上海会展数据！"，2021年1月18日，https://www.sohu.com/a/445286617_99931532

国家和地区的 2800 多家企业参加企业商业展，展示了 438 项代表性首发新产品、新技术、新服务；按一年计意向成交金额 735.2 亿美元，比上届增长 3.9%。第二，一些省市、地区抢抓机遇，创造条件，拾遗补阙，招展引会，推动了会展经济弯道超车，跨越发展。江西省表现最为突出，2022 年，江西省以 175 个展览会、315.67 万平方米展览面积，跃居全国省、自治区、直辖市办展面积第四。第三，大力推动会展数字化创新发展。根据中国会展经济研究会对会展主办机构的调研，2022 年，参与调研的机构超过 75% 选择了双线融合办会办展模式；会展数字化商业模式创新有了新的突破，75% 的参与调研企业获得了数字化会展收入，线上会展、数字产品 / 服务、商务对接和数字广告 / 营销成为数字化收入的主要业务。第四，疫情加深了社会各界对会展功能作用的再认识。业界加强了对会展先导性产业功能的研究和探讨，进一步阐明了会展业汇集国际、国内两个市场资源，构建双循环新发展格局，联通生产与消费，连接产业链、供应链、价值链，促进产业升级和经济高质量发展方面的功能作用；社会各界对发展会展经济的认知程度大为提升，各级政府高度重视，纷纷出台政策鼓励发展会展经济。2022 年，商务部《支持外贸稳定发展若干政策》特别指出，积极支持企业参加各类展会抓订单。国务院办公厅《关于推动外贸稳规模优结构的意见》开宗明义要求，推动国内线下展会全面恢复。办好中国国际进口博览会、中国进出口商品交易会、中国国际服务贸易交易会、中国国际消费品博览会等重点展会。

五、发展建议

改革开放以来，中国会展业有了长足的发展，但与欧美会展强国相比，还有一定差距，依据高质量发展要求，还要付出更大的努力。中国会展业还存在一些亟待解决的问题：管理体系不尽完善，政策有待进一步规范统一；市场发育不够充分，营商环境有待改善；产业链整体竞争力不强，市场主体多而散，缺乏龙头企业；展会题材雷同，地区、产业特色不够鲜明，展会拉动作用有待提升；会展场馆建设超过实际需要，产能过剩，场馆运营困难，经济效益欠佳；会展教育、人才培养与使用、管理脱节，会展人才有效供给不足；会展工程搭建污染问题有待解决，绿色会展、智慧会展推广进展缓慢；等等。

（一）理顺体制，健全全国管理、协调、促进体系

全面贯彻国务院《关于进一步促进展览业改革发展的若干意见》文件精神，加速推进全国管理、协调、促进体系的建设和完善。推动形成全国融会贯通，内展外展兼顾，政令统一，协调一致，联席会议协调促进、主管部门管理监督、中介组织行业自律三位一体的会展业管理、监督、促进体系；健全事前登记注册、事中事后监督管理、全程服务机制，提供完整、准确、到位、高质量的公共服务，加强会展业监督管理。

（二）加强宏观引导，编制产业发展规划

组织全国会展市场调查研究，进一步摸清会展市场资源和发展趋势。根据党的二十大精神和构建双循环新发展格局的任务，依据行业发展规律和产业发展要求，研究制订会展业中长期发展规划，全面规划会展业发展目标、规模、进程和布局，将会展业发展纳入国家经济发展体系。主要会展城市也要根据当地会展市场发展的实际需要与可能，研究制订会展业中长期发展规划及实施细则，将会展业发展纳入地方总体经济社会发展规划。

（三）加强法制建设，完善法治环境

加快会展业法制建设，逐步建立健全会展业法制体系，为会展业改革发展、管理促进、经营运作提供必要的法律依据和法制保障。推动研制《展览法》，出台《展览业管理促进条例》；修订《展览业知识产权保护办法》，充实对展会本身知识产权保护的内容；加快会展业诚信体系建设，建立会展业诚信认定、披露、表彰制度，严厉打击违约、失信行为；加大法制宣传、推广力度，推动贯彻执行，加快法制化进程，完善法制环境。

（四）加强政策协调，优化营商环境

加强政府会展业发展战略、规划、政策、标准等的研究制定和组织实施，完善有利于会展业发展的产业、财政和税收优惠政策体系；改革商务部重点

支持展会评选办法，完善政府专项会展扶持资金政策及实施细则。加强对地方、城市优惠鼓励政策的引导和协调，增强各地政策的协调性，鼓励地方依据市场规律出台政策措施，减轻政策对市场机制发挥作用的影响程度。

（五）推动供给侧结构改革，优化会展业结构布局

提高站位，推动会展业供给侧结构改革，提高会展活动效能效益。加强展览场馆建设的宏观指导，采取有效手段，盘活存量，调控增量，适当调控会展场馆建设的过度产能扩张；加强广交会、进博会、服贸会、消博会等功能性会展活动的创新发展，发挥会展业对贸易、投资、合作的促进功能；进一步清理规范党政机关办展，控制新增政府展会的举办，提高政府展会市场化、专业化运作水平；合理规划产业区位布局，推动形成会展产业带、会展业城市集群，提高集群发展效应；鼓励差异化、特色化发展，扶植、培育地方产业特色鲜明，经济、产业促进作用突出的市场化会展项目；加大宏观引导和政策扶持力度，推出、建设一批全国重点会展城市、重点会展场馆和展会项目；参与共建人类命运共同体、"一带一路"，协同推进出境展览，提升出展效能效果，提高出展经济、贸易、社会、外交综合效应。

（六）打造服务品牌，提升服务水平

全面提升会展业专业化水平，用工匠精神打造专业会展服务，精心培育会展服务品牌，建设一批品牌会展服务企业和品牌会展项目；研究制定会展业各类服务标准和规范，加大宣传、推广力度，切实推动贯彻实施；推动中国会展业评估、认证体系建设，规范会展业评比、表彰市场，建立国家级、权威性会展业评价、表彰制度；加强会展产业链建设，优化会展产业链环节服务，全面提升会展业服务质量和服务水平，提高专业化、市场化、国际化、品牌化、信息化水平，增强会展业的整体核心竞争力。

（七）加强市场主体培育，增强行业竞争实力

加大本土会展企业扶持力度，鼓励强强联合、跨界融合、横向融合、纵向融合；拓宽企业融资渠道，鼓励社会资本介入，鼓励企业上市，鼓励

资本运作、并购重组；鼓励跨区域、跨行业、跨企业项目合作；鼓励业态创新，鼓励同类项目合并、股权合作，做大做强展览项目；鼓励集团化、集约化发展，打造中国会展企业航母。下大力气培育本土会展品牌，重点扶植行业品牌展会；推进会展业与优势产业和市场的高度结合，促进会展与旅游、康养、文化的融合；支持品牌展会走出国门，参与国际竞争，推动中国品牌展会的国际化移植，加大海外宣传力度，扩大中国会展品牌的国际影响力。

（八）创新服务理念和手段，提高智慧化水平

创新服务理念和手段，增加服务价值。推广应用现代科学技术成果，提高会展业信息化、智能化、智慧化水平；鼓励采用先进技术，鼓励线上线下融合发展；鼓励业态创新、模式创新和题材创新；运用"互联网＋"思维，采用现代数字技术，推动信息共享，促进供需匹配，提升互动体验，实现展会管理、展会服务、信息利用智慧化；拓展会展服务领域，提高会展服务效率，实现管理互动升级，让会展更具黏性，提高会展服务整体质量和水平。

（九）加强协同合作，推进人才培养

发挥部际联席会议机制职能，联合商务、教育、人社等会展人才相关部门，加快健全、完善全国会展人才培养、使用、管理制度体系；提升会展教育地位，理顺会展学科归属，建立单独的会展学科教育指导委员会，加强重点院校、课程、重点实训基地建设；制定会展人才培养标准和技术岗位标准，将会展人才管理纳入国家专门技术人才管理体系；鼓励社会重视、支持、参与会展人才培养，加快推进产教融合，产学融合；加强国际合作，引进先进会展人才培养理念、方法、机制，共同开发会展人才培养项目和教程；提高会展研究学术地位，将会展研究纳入国家社科、教育、商务研究系列，将会展策划、设计比赛纳入国家技能大赛和教育部竞赛系列，将会展研究、人才培训、技能竞赛纳入会展发展资金扶持范围。

（十）践行绿色会展理念，促进会展业可持续发展

践行"绿色会展"理念，推进会展业"绿色、低碳、可持续"发展；加大"绿色会展"宣传推广力度，达成共识，形成共同行动；推进会展材料、器具研发、生产、加工基地建设，营造环境氛围，推行环保集中综合治理解决方案，建立设施共享机制，节约成本，减轻企业环境治理压力；研制绿色会展行业标准、团体标准、企业标准，逐步完善绿色会展标准体系，加强宣传推广和推动实施；加快可回收、可循环、节能环保展览器材的研发和加工生产，开发更多规格、品种的新材料、新工艺产品。

（供稿：储祥银　中国会展经济研究会首席研究员，对外经济贸易大学中国国际品牌战略研究中心主任、教授、博导）

北京市会展业国际竞争力研究

我国会展业历经近半个世纪的发展，使我国成为全球最大的会展市场。我国会展场馆建设达到世界领先水平，培育涌现了广交会、进博会、服贸会等诸多知名会展活动项目，我国形成了一批市场繁盛、发展特色鲜明的会展城市。围绕打造国际会展之都的目标，北京市会展业始终坚持创新引领的发展理念，立足首都城市战略定位，聚焦"四个中心"功能建设，突出首都打造国际交往中心的重要功能，深化对外交流合作，以会展业为抓手，扩大城市影响、拉动城市经济、促进产业升级，推动首都经济高质量发展。随着与国际会展业交流的加深，北京市会展业发展需要进一步培育国际竞争力，在基础设施建设、国际化发展环境等方面加大力度，坚持以"世界眼光、国际标准、中国特色、北京服务"作为充分参与国际会展市场竞争的战略导向，依托会展业平台效应，展现中国力量和中国智慧，提升北京市国际大都市的地位和影响力。

一、国际交往综合能力优势突出

在衡量一个城市的国际综合竞争力的指标中，国际交往能力与经济、文化、教育等指标一样，具有重要的影响意义。根据清华大学中国发展规划研究院和德勤中国的研究，2022 年，北京市在全球 37 个国际交往中心城市中，综合实力排名第 7 位，在国内城市排名中，处于香港之后位列第二（见图 2.5）。

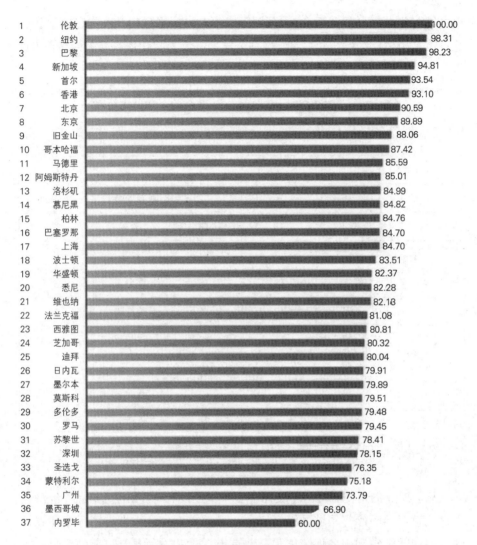

1	伦敦	100.00
2	纽约	98.31
3	巴黎	98.23
4	新加坡	94.81
5	首尔	93.54
6	香港	93.10
7	北京	90.59
8	东京	89.89
9	旧金山	88.06
10	哥本哈福	87.42
11	马德里	85.59
12	阿姆斯特丹	85.01
13	洛杉矶	84.99
14	慕尼黑	84.82
15	柏林	84.76
16	巴塞罗那	84.70
17	上海	84.70
18	波士顿	83.51
19	华盛顿	82.37
20	悉尼	82.28
21	维也纳	82.18
22	法兰克福	81.08
23	西雅图	80.81
24	芝加哥	80.32
25	迪拜	80.04
26	日内瓦	79.91
27	墨尔本	79.89
28	莫斯科	79.51
29	多伦多	79.48
30	罗马	79.45
31	苏黎世	78.41
32	深圳	78.15
33	圣选戈	76.35
34	蒙特利尔	75.18
35	广州	73.79
36	墨西哥城	66.90
37	内罗毕	60.00

图 2.5　2022 年全球国际交往中心城市排名

资料来源：《国际交往中心城市指数 2022》。

研究数据表明，北京市在国际影响力方面具有优势，北京市经济规模总量虽然低于上海市，但作为全国金融监管中心，较大规模的金融机构总部十分集中，北京汇聚的资金总量多于上海，稳居全国第一，GDP 总量也稳居全球城市前十位。2022 年财富世界 500 强企业中，有 54 家企业总部位于北京市，世界 500 强企业数量居世界第一。同时，北京市是全球首个"双奥之城",举办过两届奥运会,大型国际赛事对城市形象提升非常显著。另外,北京市是历史悠久的千年古都,也是全球拥有世界文化遗产最多的城市(见表2.10)。

表 2.10 2022 年财富世界 500 强企业全球城市分布

序号	城市	上榜数量/处	序号	城市	上榜数量/处
1	北京	54	11	大阪	6
2	东京	36	12	阿姆斯特丹	6
3	纽约	18	13	孟买	6
4	伦敦	13	14	台北	5
5	首尔	13	15	慕尼黑	5
6	上河	12	16	芝加哥	5
7	巴黎	11	17	洛杉矶	5
8	深圳	10	18	广州	4
9	杭州	8	19	莫斯科	4
10	香港	7	20	新加坡	3

资料来源:2022 年财富世界 500 强。

从会展业的角度看待国际交往中心城市建设,一方面注重政治、经济、文化、教育、医疗等领域的综合实力,另一方面也注重带有国际交往属性的会展活动组织和服务保障能力,北京市在这些方面具有显著的优势:一是国内会议和展览活动主办机构的主要来源国家一级学会、行业协会、商会组织等机构绝大部分位于北京,跨国公司地区总部和研发中心集聚,这成为北京市发挥总部经济优势、挖掘国际项目和展客商资源的深厚基础。二是北京市区位优势明显,企业和人脉集聚,人文历史资源富集,科研院所和高端智库集中,且国际交通发达,国际国内航线众多,两大机场航运吞吐量巨大,邀请国际人士参会和展品航空运输便捷高效。三是围绕"四个中心"功能建设,北京市举办会展活动品类齐全,题材众多,可挖掘的项目题材充分。首都独具"国门会客厅"功能，在服务主场外交、展现中国力量和智慧方面是国际交往中心建设的最佳选择。

二、会展业发展优势与不足特点鲜明

北京市会展业具有坚实的发展基础，但受到场馆面积等因素的制约，市场规模总量在一线会展城市中仍偏小，展览业的发展尤其受到影响。

近年来，北京市展览业的发展步伐始终位列上海市和广州市之后，并面临新兴会展城市的追赶。根据《中国展览指数报告2021》的数据，2021年①，尽管仍处疫情期间，但相较前一年，我国各主要城市举办展会数量基本有较大幅度的回升。全国展会举办前五位的城市分别为上海市、广州市、北京市、郑州市、深圳市，排名与疫情前基本一致。其中，在办展数量方面，上海市举办1万平方米及以上展会169个，广州市办展117个，北京市办展108个，分列前三位。在办展总面积方面，上海市办展总面积为1155.5万平方米，广州市办展总面积为856.9万平方米，深圳市办展总面积为457.6万平方米，分列前三位，北京市办展总面积427.9万平方米，位居第四，相比疫情前在办展面积上下降一位。

北京市与国内一线城市在办展面积的显著差距主要体现在北京市会展场馆存量不足，单馆展览面积无法突破10万平方米的限制，全市总体可供展览面积有限，这些也导致在国际竞争中北京市存在对于国际大展的空间承载能力不足的短板。根据国际展览业协会2022年的统计，全球室内展览面积10万平方米及以上规模的专业会展场馆共80个，分布于20个国家的70个城市，北京市单馆面积全球排名仅列第65位，与排名前两位的上海市和深圳市差距明显（见表2.11）。

---

① 2022年疫情对我国会展业影响较大，国内各城市办展数量及面积大幅降低，不具备典型意义，故不以2022年为参考。

表 2.11 2022 年全球室内展览面积 10 万平方米及专业
会展场馆排名前 20 位

排名	场馆名称	城市	国家	室内展览面积/万平方米
1	国家会展中心（上海）	上海	中国	40.44
2	深圳国际会展中心	深圳	中国	40
3	汉诺威展览中心	汉诺威	德国	39.24
4	法兰克福展览中心	法兰克福	德国	37.21
5	莫斯科国际展览中心	莫斯科	俄罗斯	36.61
6	米兰展览中心	米兰	意大利	34.5
7	中国进出口商品交易会馆（琶洲馆）	广州	中国	33.8
8	昆明滇池国际会展中心	昆明	中国	31
9	科隆展览中心	科隆	德国	28.4
10	杜塞尔多夫展览中心	杜塞尔多夫	德国	20.27
11	巴黎北维勒班特展览中心	巴黎	法国	24.63
12	麦考密克展览中心	芝加哥	美国	24.15
……	……	……	……	……
19	上海新国际展览中心	上海	中国	20
20	国家会展中心（天津）	天津	中国	20

资料来源：国际展业协会《2022 年全球展览馆地图》。

会议业一直是北京市会展业的优势细分领域，根据国际大会及会议协会（ICCA）的研究，北京市在全球 149 个会议城市中综合竞争力排名第 22位，在国内城市排名中位居第一，总体上与上一年所处位置保持一致。与排名前列的维也纳、巴黎、伦敦等城市相比，北京市专业竞争力指标较低，2022 年在 ICCA 体系下的国际学术会议的举办数量、频率、规模，特别是经济效益，都处于相对较低水平，主要原因是 2022 年北京市仍处于疫情防控最为严格的时期，线下会议基本无法举办。而从 2021 年开始，德国等国家开始更多地使用混合会议和展览方式。德国会议促进局等机构发布的报告显示，2021 年，德国混合会展活动数量增长了 280%，线上虚拟会展活动增加 120%，参加混合会展活动的人数为 1840 万人，是前一年的十倍。北京市的优势指标主要为会议目的地形象感知竞争力，这一指标涵盖营商环境、外贸通关便利度、政策支持等方面，可以看出北京市在会展业市场环境的改善方面持续加大力度，取得了成效。另外，涵盖经济发展水平、可进入性、公共交通便利性、绿色环境等方面的会议目的地整体环境竞争力也是北京市吸引国际会议的先决条件，起到了重要的支撑作用（见表 2.12）。

表 2.12　2023 全球会议目的地竞争力指数排名

排名	城市名	会议目的地整体环境竞争力	会议目的地配套支撑竞争力	会议目的地专业竞争力	会议目的地形象感知竞争力	会议目的地竞争力指数
1	维也纳	30.042	35.653	95.638	70.873	68.590
2	巴黎	33.248	62.016	75.016	68.344	63.254
3	伦敦	44.483	50.919	65.136	79.093	60.702
4	巴塞罗那	25.144	24.524	81.585	74.562	59.618
5	新加坡	23.462	21.779	74.846	94.606	54.518
6	里斯本	25.454	19.763	80.481	49.287	54.518
7	布拉格	30.295	33.263	66.254	48.410	50.756
8	马德里	26.378	28.024	65.387	52.172	49.260
9	柏林	25.121	23.391	58.515	76.234	48.645
10	布鲁塞尔	24.984	14.044	58.972	57.215	44.415
11	首尔	27.705	20.365	59.792	67.363	43.636
12	哥本哈根	22.917	14.375	57.158	58.931	43.435
13	都柏林	29.311	12.056	56.649	51.098	42.463
14	阿姆斯特丹	28.969	20.139	42.977	74.869	41.270
15	曼谷	33.070	51.427	34.693	61.576	41.173
16	米兰	31.265	22.801	47.333	54.663	41.168
17	雅典	22.560	26.602	55.574	36.392	41.129
18	东京	32.407	43.488	32.468	73.688	40.542
19	罗马	29.340	37.141	43.164	43.946	39.451
20	伊斯坦布尔	27.651	59.641	30.118	46.064	36.815

排名	城市名	会议目的地整体环境竞争力	会议目的地配套支撑竞争力	会议目的地专业竞争力	会议目的地形象感知竞争力	会议目的地竞争力指数
21	布宜诺斯艾利斯	10.879	22.528	44.080	43.208	33.597
22	北京	30.401	33.407	24.774	60.152	32.745
23	香港	27.656	41.697	22.019	62.000	32.480
24	上海	25.731	37.790	22.181	63.224	31.716
25	墨西哥城	16.626	38.724	31.848	39.009	30.905
26	布达佩斯	21.625	20.636	35.085	39.747	30.659
27	赫尔辛基	27.665	8.973	36.336	39.472	30.602
28	奥斯陆	27.855	8.540	36.115	39.917	30.534
29	斯德哥尔摩	30.300	14.664	32.960	36.000	29.920
30	台北	19.209	17.388	32.468	48.870	29.874

资料来源：《全球会议目的地竞争力指数报告2023》。

三、发展建议

会展业是经济发展的晴雨表，更是赋能城市塑造国际形象和强化综合竞争力的有力支点。我们必须聚焦服务国家战略和城市发展，以"世界眼光、国际标准、中国特色、北京服务"去塑造北京的城市性格，高质量服务国际交往中心建设。

通过专业会展活动组织、场馆运营管理能力提升和跨界融合的理念、模式与服务创新，不断培育完善符合国际商贸、科技、人文交往习惯和规则的软硬件基础和市场环境。

一是加快硬件设施建设。应持续优化完善首都会展空间布局，目前国家会议中心二期、顺义新国展二期作为北京市重大专业会展场馆项目正在有序推进建设。建成后，国家会议中心会议综合体将成为重大主场外交活动和高能级国际会议的主要承载地，顺义新国展二期将极大地提升北京市承接10万平方米以上大型专业展览的能力。规划设计中的大兴机场会展中心未来也将突破40万平方米展览规模，打造承担北京南部重要国际交往功能的"南部会客厅"和综合性会展消费活动承载地。新建专业会展场馆应科学合理谋划场馆业务培育期，注重建设梯次和错位发展，高起点、高标准、高质量打造产城融合、产城一体的"会展+"片区；现有会展场馆加快升级改造，提升现代化展览和国际会议承载力，注重智慧场馆改造提升，完善场馆信息化服务、数字化管理、数据化运营方面的转型升级和创新建设；围绕首都"两轴""双枢纽""多点"的区域特色化新发展格局，实现北京市大会展业特色鲜明、错位发展的总体空间布局。

二是加强国际项目的培育和引进。在加快已有品牌展会规模扩容，进一步扩大中国国际服务贸易交易会、中关村论坛、金融街论坛、北京国际车展等现有品牌会展活动影响力，加强市场化运营力度的同时，加强市场主体与市区两级行业主管部门沟通协作，结合北京市各区产业发展和资源特色，组织筹划一批国际会展活动。特别围绕首都机场和大兴机场两大枢纽，打造适合临空经济区发展特点的文物展示、艺术品拍卖、汽车保税展览展示交易平台。积极参与国际协会组织学术大会或全球年会申办，吸引国家一级学会协会等社团组织全国性学术会议落地，利用北京学术水平高、人才和项目资源丰富、交通便捷等特点，培育前沿领域学术会议品牌；吸引高附加值商业会议，吸引高能级商业会议论坛长期在北京举办。另外，还应围绕"会展节赛演"的大会展概念，创办一批富有特色和影响力的节庆和国际赛事活动。

三是加强国际交流合作。着力加强首都会展业形象推介和目的地营销工作，政府、行业协会、企业应联动举办多种形式的北京城市会展资源推介会、路演活动，并在全球市场加强北京城市形象和会展品牌的曝光度，搭建全球推广平台。同时，由政府和行业协会推动更多企业"走出去"到境外办展参展，与UFI、ICCA等国际会展行业组织、国际知名会展企业、产业协会组织和研究咨询机构等开展多领域多层次的交流合作。2023年，ICCA中国代表办事处确定落户北京，入驻国家会议中心二期，就是推动首都会展业国际合作的一次成功实践。

数字经济与数字会展

当前全球经济增速放缓，传统经济模式增长乏力，以数字经济为代表的新经济成为增长新动力。近年来，政府、企业都不同程度地认识到数字经济所发挥的效能，快速转变思维举办线上会议、线上展览，开展云招商、云签约、云对接。虚实一体化的融合趋势向更广泛的经济社会领域渗透，成为一种普遍的生产和生活方式。在会展领域，数字会展和数字经济的关系一直没有得到系统的梳理和研究，本文尝试从解读数字经济及其表现形式开始，进而分析数字会展如何赋能数字经济。

一、数字经济与数字会展

（一）数字经济

根据《"十四五"数字经济发展规划》，数字经济是继农业经济、工业经济之后的新经济形态，它是以使用数字化的知识和信息作为关键生产要素，以现代信息网络作为基本载体，以信息网络技术的有效使用作为效率提升和经济结构优化的重要推动力的一系列经济活动。数字经济是世界经济创新发展的主流模式，正在开启重大的时代转型，带动人类社会生产方式的变革、生产关系的再造、经济结构的重组、生活方式的改变，是新时期经济发展的新引擎。

（二）数字会展

当前，各行业都在进入数字化转型的深入探索和实践，会展业也不例外。在会展业内，数字会展分为狭义数字会展和广义数字会展。狭义的数字会展主要是站在会展主办方视角定义，是指会展活动的主办方利用数字技术，提供数字化的会展产品、内容和服务，完成一个或全年会展项目的全流程的管理，提升会展项目管理效率，以及会展活动参与方的体验、参与度和满意度；提高展商、赞助商的续约率，增升会展项目的收入、规模和可持续性发展水平。广义的数字会展，则是包括会展的主办方、专业服务商（包括场馆）、企业和社团机构利用数字技术，对自身组织的服务模式、会展运营方式，进行系统化的变革，更关注数字技术对组织的整个体系的赋能和重塑。

在当前阶段，界定数字会展需要抓住几个核心：主办方是数字会展的主体，会展项目运营和管理是数字化，数据是核心生产要素。因此，数字经济在会展领域的深入发展就是关于如何利用数字化的工具、内容和服务获得更多的收入、更低的成本、更高的效率、更多的市场、更紧密的客户关系、更好的协作和交流，与此同时，让客户获得更好的体验和价值。

二、数字经济与传统经济的不同

数字经济与传统经济交织在一起，使得区分两者间清晰的界限变得更加困难。要做出区分，就要首先回到经济理论基础进行解释。

传统的经典经济理论认为资源是稀缺的而人是理性自私的。与此同时，边际收益的趋势是递减的，而边际成本往往在达到一定规模之后反而是不经济的，这就是实体经济（基于原子态的物质经济）中基于物质和实体生产所带来的天然矛盾。

随着网络技术和经济的融合发展，20世纪90年代，复杂经济学领军人物布赖恩·阿瑟（Brian Arthur）"推翻了"以牛顿世界观为基础的西方古典经济学，通过将系统论复杂性理论引入经济学，提出了"收益递增"理论，即以知识为核心的现代经济主要受收益递增规律的支配，正反馈在其中起主要作用，经济不会靠边际效益递减"自动"达到平衡，不均衡乃是常态。

在数字经济时代，基于电子形态的数字经济和虚拟经济产生了新的范式和革命，那就是电子形态的数字内容可以无限低的成本进行快速复制和网络化传播、分享，可以实现 $7 \times 24 \times 365$ 的创造在线收入；还可实现边际成本无限低，甚至为零，从而无限接近杰米·里夫金提出的零边际成本社会。

与此同时，在数字时代，分享数字化的内容和产品并不必然代表自己获得的资源在减少，相反还会带来更多收益，比如，通过社会协作和共创带来了新的思想、创意和模式。

因此，数字经济时代的规则并不能用传统经济思维来解释和定义，而是产生或放大了梅特卡夫效应、双边市场效应、规模经济效应、协同效应，这就需要转变增长思维，改变认知，寻找新的模式，即拥抱新的范式革命。

三、数字经济在数字会展中的主要表现形式

数字经济既涉及技术条件，又涉及经济关系，根据场景和需求的不同，数字技术的应用会呈现多种组合态势和表现形式。但在实际工作中，行业内对数字经济的认知比较单一，甚至误以为线上会、线上展就是数字经济，因此本文尝试抛砖引玉，就会展领域比较常见的数字经济形式进行阐述，这些形式包括：网络经济、平台经济、订阅经济、按需经济、会员经济等。

（一）网络经济

数字会展中的数字经济首先是网络经济，展览、展示、交流、洽谈、研讨发生在互联网上。而互联网突破了传统的物理空间和地理的限制，实现了以更多的活动、更低的成本、更多的数据为代表的网络经济效应，在近年的线上展会活动中得到了证明。以网络形式的会展活动实现了参会者数十倍甚至百倍的增长。

（二）平台经济

平台是一种为供需各方及相关主体提供连接、交互、匹配和价值创造的媒介组织，是一种基于数字化技术的新型资源配置方式。它正以空前的力量把人与人、人与物、物与物、服务与服务连接起来，给人们带来便利，给企业带来效率。会展本身就是一个平台，在数字会展中，通过建立线上展会云平台，相隔千里的供采双方可以相互沟通、相互洽谈及进行精准匹配，并以前所未有的速度对接供需关系。

平台经济的核心是发挥数字会展网络的正外部性，通过网络平台、数

字技术所产生的商流、信息流、数据流，与合作伙伴、供应商、客户进行深入互动，实现价值共创、利益共赢，其所产生的效应呈指数级增长。以第 131 届中国进出口商品交易会（简称广交会）为例，通过线上平台，参展企业累计上传展品超过 300 万件，其中新产品超过 95 万件，较上届增加 5 万件。

在行业内，一些依托产业优势和线下展会规模的会展企业已经率先建立了线上平台，并且实现了可观的线上收入。比如，数字化转型的领军企业，上海博华国际展览有限公司自 2006 年起开始发展线上业务，形成以家具软装、食品饮料、酒店与商业空间、清洁、船艇休闲旅游、灯饰、制药和食品加工包装八大在线平台为核心圈，以 B2P 采购通小程序实现工厂直销、天猫店 / 京东店第三方平台网店提供 C 端优选商品为内圈，以展览、会议、活动、赛事、新媒体为外圈的博华数字生态圈。博华早在 2019 年就实现了线上收入超过 3500 万元。再如，阿拉丁照明网根据广州国际照明展二十余年积累的客户数据，为所有参展企业提供一整套完整的网络体系，集电子商务、照明媒体资讯聚合、照明行业交流学习和照明专业资料检索四大网络应用于一体，将线下展会延续到线上，打造"永不闭幕"的网上展览会，充分发挥了平台经济的优势。

当前，中国的线上线下融合会展平台加速发展，无论平台规模、影响力，还是创新力与活力等方面，都缩小了与世界知名线上贸易会展平台的差距。

（三）订阅经济

订阅经济不是新事物。随着数字原生代的崛起，移动互联网、大数据和人工智能的出现加快了订阅经济的创新速度。在我国，订阅经济在 2016 年得到飞速发展，2016 年被称为订阅经济元年。订阅经济是一种有关财务营收的模式，代表了企业与用户之间一种新的关系模式。因此，订阅经济与会员经济找到了完美的契合点，订阅经济是会员经济数字化的特殊表现形式和提供方式。

会展天生具有 MEN 的属性（营销、教育、社交）。现在，媒体、内容和教育之间的界限被数字化打破，创造出一系列新的自动化生产和销售的知识产品与服务，用数字化的内容和产品更直接、更好地服务展商和观众。如今，我们已经无法区分网络视频公开课是媒体、内容，还是教育。视频里面还能嵌入 CAT 按钮，实现社交、分享名片、下单、获客等功能。

为了在快节奏的环境中保持竞争力，品牌会展公司在尝试完善其数字化产品的功能。会展企业提供订阅服务，不仅可以通过数据洞察了解客户，也可以关心他们的实际需求。随着时间的推移，建立信任和忠诚度，还可以适时调整其数字化产品的价格，及时了解内容的价值，调整服务内容。

最简单的订阅模式就是行业信息的订阅，其次还有行业资料、专业课程的按照月度、年度等形式进行数字化订阅。目前一些专业的垂直行业以及学术交流的平台更容易尝试订阅经济，比如 HRoot、仪器学习网、好医术等。订阅用户往往可以转化为会员，会员又可转化为展会的高质量潜在专业观众。

（四）按需经济

在过去十年间，消费者的代际变化产生了新特征：他们希望通过节省时间的方式采购商品和获得服务，特别是那些精选的个性化的商品和服务。按需服务建立在即时满足的概念之上，在最短的时间内将用户想要的东西送到他们手中，能够极大地提升用户体验。按需经济（on demand）模式应运而生，按需就是按需索取、点"菜"下单、按需付费的意思，即用户根据自己的需求去找，然后点击、下载观看或使用。

比如，在会议结束之后，可以将演讲资料和视频实现在线化。主办方可以发布一个对外免费的链接，也可以公布一个收费的链接。观众花很小的一笔钱实现观看，即付费观看（View on demand）。在本质上，大多数订阅经济的平台都是 View on demand 模式，比如，观看影视、书籍、报告等。只不过会展的数字化程度远远落后于传统的娱乐和影视行业。在技术上，这种服务是内容管理技术 + 订阅技术 + 定价技术 + 会员技术等多种技术的组合，因此需要专业的数字化服务商来实现。在按需经济领域，中华医学会的数字化工作开展得比较早，它们每年数百场医学会议的视频、资料讲义都可以在会后转化为线上资料室、线上图书馆，供会员们会后按需学习。其他的医学交流平台，比如"严道医声"也有类似的在线服务。按需经济不仅将线下成果数字化，还可以通过网络发挥长尾经济的碎片化效应。虽然每一笔单价不高，但是集腋成裘，可以帮助主办方延长会期之间产生的视频内容的二次销售。未来，on-demand模式的数字化视频、培训、资料可以转化为会议后的补充内容。参会者不仅可以支付大额的会议注册费线下参会，也可以在会后按需索取自己喜欢的内容，灵活度和自由度更高。

（五）会员经济

从组织架构角度来看，会员制已经拥有上千年的历史了。但从经济角度来看，只有在数字时代，会员经济借助个人计算机、互联网、社交网络、用户创建内容、云计算、大数据等技术成为一种独特的模式。对于会展企业而言，展商、赞助商、观众都可以发展为会员——比如，通过主办方维护的商业社群和商业会员。可以说，只要一个组织与其客户建立了正式、持久的利害关系，就可以说这个组织属于会员制组织（member organization）。

在会展领域，很多企业成功地运用了会员制模式。比如，智享会是行业内较早一批尝试商业会员制的企业。加入智享会，每年可以参加超过40场的大型品牌年会及展示会，成为专业人士学习前沿趋势、优秀实践的首选；参加超过30场HR Frontier活动，与标杆企业探访最佳人力资源实践；参加70多场空中课堂与网络会议，使会员足不出户就能了解管理前沿、法规动态。会员制为每年智享会创造了一笔固定可观的收入，还将会员转化为高质量的付费参会人员，打开了会员经济多赢的局面。

最后，随着人工智能的发展，数字经济具有高效、精准、个性化、智能化的特点，从人找物、人找信息、人找人，迈向以物找到人、信息找到人、他人找到你的智能推荐形态。

四、数字会展的发展现状

由中国会展经济研究会、中国贸易报社会展产业委员会、中贸国际智库、长三角会展研究院、上海对外经贸大学会展与传播学院、广东会展组展企业协会共同发起，31会议研究院参与调研完成的《中国会展主办机构数字化调研报告（2023）》，对中国会展主办方的数字化经营情况、会展业数字化转型实践和未来发展展望做了深度调研。调研数据表明，会展数字化呈现以下发展态势。

（一）数字会展发展很快，但是发展不平衡

过去 3 年（2020—2022 年）是会展业发展历史上变化最快、也是最具有不确定性的 3 年。技术领域也在快速变革，从 2020 年的虚实融合一站式会展技术平台，到 2021 年中崛起的元宇宙技术场景，再到 2022 年年底崛起的生成式人工智能（AIGC）都快速进入会展业，成为会展业发展的新变量、新动能。与此同时，数字化转型在加速、主办方的投入和开展行动的比例在增加。超过 30% 的主办方在 2023 年会加大数字化的资金、技术和人力投入，超 45% 也会在未来 2~3 年对数字化转型加大投入。就自我评价数字化成熟度而言，合资企业成熟度最高，其次是社团 / 协会，民营企业数字化成熟度最低。

（二）数字会展的认识不断深化，人才是最大的挑战

从 2022 年重点探讨商业模式到 2023 年越来越多关注数字化怎么做的探讨。就数字化转型的战略考虑，会展主承办方中 90% 有积极的措施，维持不变的只有 10%，说明主办机构对数字化的认识在不断深化，对数字化转型的认知已经从要不要做的犹豫和讨论转向究竟应该从何处着手，持续投入数字化转型也成为主流选择。2023 年数字化转型最大的挑战是人才和运营经验（占比高达 54%，比 2022 年提高 9 个百分点）。除人才外的挑战还有对数字化的预算投入不足、没有找到成熟的商业模式。

（三）数字会展技术应用广泛，AI 成为新势力

主办机构采用了更多的技术和数字化服务来服务客户，创造新的模式，当前已经采用的技术的前三名占比从高到低依次是：门户网站（67%）、营销自动化工具（53%）和线上会议 / 研讨会 / 元宇宙会议（49%），这些工具主要是对外营销和推广服务类。未来 2~3 年会采用的技术前三名占比从高到低依次是：AI 智能客服 / 呼叫、采购管理系统、项目管理系统。远

期会采用的技术前三名占比从高到低依次是：采购管理系统、AI 智能客服 / 呼叫、线上会议 / 研讨会 / 元宇宙会议。

（四）对获取数字化收入的预期比较乐观，但逐步趋于理性

预测 2023 年数字化的收入，会展主承办方中 75% 预测收入会有不同程度的增长，其中预测增长率在 10%~30% 区间的占比达 30%，预测增长率在 30%~50% 区间的占比也高达 21%，说明对数字化收入增长普遍比较乐观。针对未来 2~3 年内会展项目的数字化营收占比，总体而言，对数字会展收入占比预期比 2022 年进一步乐观。此外，对开创新的商业模式和获得数字化收入的预期也更有理性和耐心，认为数字化转型是一项长期的战略，需要持续不断的投入。

（五）数字化转型处于分水岭，早期引领者成为中坚力量

2022 年，数字化转型加速。加大投入并取得成效的超过 31%（2021 年只有 16%）。投资回报最有价值的服务，前四位分别是：搜索、活动直播、商务配对和智能推荐，说明这四类服务不仅能受到展商 / 观众的欢迎，还能直接创造一定的数字化收入。与此同时，应该看到仍有 30% 的企业做了尝试，但效果不明显，处于谨慎投入阶段。这说明在数字化非连续创新的过程中，早期采用者和接受者已经逐渐成为主导数字化转型的中坚力量。

五、会展企业加速拥抱数字经济的案例

随着数字化的发展，新兴的数字技术发挥着重要作用。新一代数字技术实现了网络互联的移动化和泛在化、信息处理的大数据化和智能化，以及信息服务的智能化和个性化。新时期的数字经济以数字技术为核心引擎，以数据为关键生产要素，以生态为主要商业载体，以开放共赢为主流合作模式，云计算、大数据、人工智能等数字技术是数字经济的关注重点。因此，会展企业拥抱数字技术，通过数字会展实现数字经济，也是会展企业实现二次增长曲线的必经之路。

具体而言，可以是建设线上行业资讯信息门户、线上会议平台、线上

展览平台、365 数字商贸平台、线上社群等方式，实现行业知识、商机和人脉的精准对接和智能匹配，从而发展数字经济，实现跨越式增长。

（一）案例一：英富曼会展集团的会展数字化转型案例

GAP（Global Acceleration Programme，GAP）战略是全球最大的会展集团英富曼（Informa）未来发展的重要战略举措，自 2014—2017 年推出 GAP I，于 2021—2024 年推出 GAP II 战略。英富曼一直在致力于扩大数字化转型的投资力度。

建立第一方数据平台，即数据营销中台（IIRIS），将全球各个公司的业务数据集中在 IIRIS 系统，赋能业务增长。

剥离情报业务，聚焦学术市场和数字市场，通过直接并购、战略投资以及整合数字化渠道、内容、技术和服务获得新的增长潜力。

2021—2024 年，累计投入 1.5 亿英镑用于数字化建设。据称其 2022 年已经获得 8 亿英镑的数字化收入，10 亿次的用户在线互动行为。

2023 年，对全球员工中的 5000 名业务人员开展了数字素养绿带培训认证，对员工和文化进行持续投资，说明数字化转型计划需要超前布局、持续投资。成熟是一个自然的过程，但绝不会自动发生。

2024 年，英富曼的目标是实现 40% 的收入来自数字化。从 2 次 GAP 战略来看，前后跨度达到 10 年之久。

（二）案例二：博华线上线下一体化发展战略（数字化 4.0 战略）

作为英富曼集团在华的中外合作公司，上海博华国际展览有限公司自 2006 年开始尝试数字化探索和业务升级，2022 年正式发布博华数字化 4.0 战略，即线上与线下一体化发展战略。

2006—2008 年，1.0 阶段，这个阶段被称为搜索引擎时代。博华顺势推出第一个 B2B 网站"家具在线"，开辟博华业务增长的第二空间，进入"展网融合"发展的新时代。

2009—2013 年，2.0 阶段，移动社交时代。博华 2009 年 1 月家具在线 2.0 上线，并首次实现营收 380 万元；2009 年 5 月，开始陆续推出其余七大垂直行业 B2B 网站。

2014—2016 年，2.5 阶段，自媒体时代。博华改版升级并合力打造"家店装修"和"食药"两大平台 IP，分别串联与生活方式相关的 6 大网站和与大健康相关的 2 大网站。

2017—2018 年，3.0 阶段，博华推出线上平台成为博华新的盈利中心，推出为展商提供 365 天营销增值服务的平台。

2019—2021 年，3.5 阶段，博华推出采购通服务和采购通微信小程序。

2022 年，4.0 阶段，博华发布了线上线下一体化发展战略及 8 大实施型战略，具体是：数字化转型战略、平台型发展战略、生态型发展战略、一体化发展战略、增长型发展战略、创新型发展战略、区域化发展战略、人才发展战略。

（三）案例三：阿拉丁照明网

阿拉丁照明网，凭借光亚展览运营的广州国际照明展二十余年的行业资源，从展会中衍生出线上业务，成立照明网，为照明企业提供电子商务、照明媒体资讯聚合、照明行业交流学习和照明专业资料检索四大服务，构建了一个完整的、可持续的平台生态系统，为垂直行业的贸易展的数字化转型提供了很有价值的借鉴。

六、数字会展的发展方向

（一）虚实融合发展是总体发展趋势

针对 2023 年会展业全面重归线下，会展主承办方中认为线上和线下深度融合的达到了 1/3，保持线上稳中有进并作为线下辅助的也高达 40%，放弃线上的只有 14%。这说明：经过 3 年的实践与探索，会展主办机构更积极地保持线上稳中有进和线上线下双线融合的比例最高，线上线下虚实融合依然持续发展。

（二）数字化收入的占比将会不断提高

针对未来 2~3 年内会展项目的数字化营收占比，总体而言，预期比 2022 年进一步提高。79% 的机构预测有不同比例的数字化收入，高于 2022

年的 65%。展望未来，主办机构乐观地预期数字化收入的占比会不断提高。

（三）数字化转型的重点是加大数字化内容和服务

经过 3 年来的观察，超过 95% 的会展主承办机构对数字化均设定有明确的侧重点，从高到低前三位依次是：加大数字化的服务和内容的投入、探索数字化的新模式和新业务、加大数字化社群和会员服务的建设。值得注意的是，这三项都是数字会展的新业态、新模式。在未来的几年里，会展主承办机构数字化战略重点将从优先服务客户以及创新商业模式向内部运营效率的提升转变。

（四）对数字技术的应用从营销获客向降本增效转变

未来 2~3 年会采用的技术前三名占比从高到低依次是：AI 智能客服 / 呼叫、采购管理系统、项目管理系统；远期会采用的技术前三名占比从高到低依次是：采购管理系统、AI 智能客服 / 呼叫、线上会议 / 研讨会 / 元宇宙会议。这说明：对数字技术应用的重心，从外到内，即从营销获客（注重收入）向降本增效（节省成本）转变。

（五）数字会展标准重在数字化内容和服务

会展主承办机构认为，如果建设数字会展标准，按照重要性排名，前三位依次是：面向会展业不同主体的数字化内容和服务规范，数字会展平台 / 数字贸易平台建设，会展数据分析及大数据服务与应用。

七、促进会展数字化转型的建议

（一）对企业开展会展数字化转型的建议

首先，拥抱数字化，通过数字会展技术，开拓数字经济模式非一日之功，而且能否实现可持续的数字化收入是关键。再次回到上海博华国际展览有限公司的案例，即使其数字化的道路开拓得很早，数字化收入模式也是在不断的探索之中。未来 10 年，该公司的目标是努力将数字化收入占比提升到 30% 以上，如此，才能实现真正意义上的数字化转型。

其次，实现数字化转型，技术只是工具，最重要的是思维意识的转变，树立新的企业数字化文化。比如，数据思维、平台思维，树立将数据作为核心资产的观念，将采集数据、集合数据、分析数据、应用数据切实渗透到企业运营的每一个环节，让数据说话、做决策、做预测。

最后，数字化转型需要长期投入，特别是补全人才短板，需要引入具备全新数字化思维、技能、知识体系的人才。数字化涉及网络、新媒体、直播以及其他活动线上线下的结合。人的投入不会马上就有回报，但回报会到来的。上海博华国际展览有限公司的经验：第一，展览会是本源，是基本面，离开展览会谈数字化是空想；第二，用好数字化的手段，达到可持续发展的目标；第三，要夯实基础，培养适应数字化发展的专业人员和架构布局。

新冠疫情是个分水岭：新冠之前，传统展览会基本上到了一个高峰。新冠以后，要再突破 2019 年高峰，就不能够只是延续传统展览会的做法，而是要让数字经济实现第二次增长。

（二）对政府主管部门扶持会展数字化转型的建议

三年来，会展业发生了变化，虚实融合进一步深化；围绕服务国家战略，会展业使命发生变化，会展业生态发生了变化，会展业服务模式发生了变革。对政府主管部门扶持数字会展提出以下建议：

第一，把握以人工智能为代表的新一轮数字变革时机，鼓励会展业引入新兴的 AI 技术和创新场景。

第二，鉴于数字会展的外延在延伸，虚实融合进一步深化，建议更多省市地方政府，特别是市级政府和行业主管部门深化数字会展营商环境建设：建设数字会展政务平台，提供数字会展的公共服务；就推动本地会展企业数字化转型提出更深入的指导细则，制定数字化转型 3~5 年指导意见。

第三，支持高校开展与数字会展相关的课程和人才培养，鼓励企业优化人才结构，有针对性地开展数字会展人才培训和引进。

第四，推进数字会展建设指导标准制定，构建基于本地会展企业的数字化转型支撑体系。比如，一套会展企业数字化成熟度 / 数字化转型指导标准，一套数字化转型的"工具箱 + 服务包"，一支数字化转型专项扶持基金。针对企业数字化创新和数字化投入，明确补贴标准和比例。

第五，鉴于当下及未来数字会展服务涉及更多与数字化相关的知识产权问题和数据隐私保护问题，进而对数字领域的知识产权保护提出了新的要求，建议政府和行业协会在关注推进数字会展服务标准制定的同时，研究与之相关的知识产权和法律法规问题。

第六，鉴于中小微民营会展企业（大部分年营收在5000万元以内）是营收减少受到影响最严重的一个类别，这些民营企业的数字化转型成熟度自评又是最低的，建议数字化转型的产业和基金扶持政策可以向民营企业倾斜。

（供稿：万涛 31会议联合创始人&CEO；杨正 31会议研究院执行院长）

北京市会展业立法研究

一、北京市会展业立法的现状

立足首都城市战略定位发展会展业是北京会展业发展的纲和魂。北京会展业需要服务也能够服务首都"四个中心"功能建设，代表中国力量，体现中国声音。在北京非首都功能疏解政策指导下，会展业面临什么命运不仅仅关乎会展业界和学界，某种程度上也是对于北京疏解非首都功能政策的一个检验。

北京市会展业总体而言在全国仍占据一流地位。北京的会议业与国际会议在全国首屈一指，ICCA会议排名长期在中国占第一位。北京国际赛事活动举办地的影响力独一无二，北京奥运会和北京冬奥会的举办使得北京成为第一个"双奥之城"。北京会展活动的国际化和影响力较强，除了北京亚运会、奥运会和冬奥会等重大赛事活动外，北京世园会、"一带一路"国际合作高峰论坛和服贸会等重大会展活动也具有重要国际影响力，北京会展活动的文化软实力和话语权也在增强。北京对会展活动的重视程度正在不断加强，明确北京商务局展览业主管职责，组建了专门的首都会展集团，北京会展业正在重新大踏步前进。

北京出台了若干地方性法规和规范性文件，这些文件对于北京会展业的发展起着保驾护航的重要作用。2005年9月9日通过的《北京市大型群众性活动安全管理条例》于2010年7月30日修订。2007年通过《北京市展会知识产权保护办法》（北京市人民政府令第201号）。2012年，北京市商务委员会、北京市财政局发布《关于促进我市商业会展业发展的通知》（京商务贸发字〔2012〕55号）。2017年12月29日，北京制定《关于进一步促进展览业创新发展的实施意见》（京商务贸发字〔2017〕37号）。2019年，北京出台《关于促进我市商业会展业高质量发展的若干措施（暂行）》。除了会展综合性立法和规范性文件，北京会展业不同范畴内的规范性文件同样值得关注。例如，北京市在体育赛事方面的立法就非常突出。

尽管如此，从全国范围内看，这些规范性文件无论是在立法级别还是在立法内容上都有明显需要提高之处。北京会展业地方立法在以下四个方面存在立法空间。

第一，缺乏统一的会展业立法。从 1999 年《大连市展览会管理办法》开始，我国各地纷纷出台有关会展业发展的地方立法。截至 2020 年《上海市会展业条例》出台，地方会展立法已经走过了 20 多年，但北京始终缺乏一部统一的会展立法。北京属于一线会展城市，近年来，会展业的发展却呈现出下降、外溢和流失趋势。很重要的原因在于北京会展业缺乏法律保障，立法比较滞后，至今还没有出台一部综合性的促进会展业发展的立法。上述有关北京会展立法并非综合性的，仅仅是涉及活动安全管理、展会知识产权保护等会展活动部分领域。北京会展业法律规制相对落后主要表现为缺乏统一的会展综合立法。

第二，创造性会展立法较为缺乏。北京既有会展促进立法多为执行性立法。2007 年《北京市展会知识产权保护办法》是为了贯彻执行 2006 年商务部等四部委《展会知识产权保护办法》，2017 年北京市《关于进一步促进展览业创新发展的实施意见》是贯彻执行《国务院关于进一步促进展览业改革发展的若干意见》（国发〔2015〕15 号）。在缺乏中央统一立法的背景下，地方立法更应当为会展业立法作出创新性法律制度贡献。

第三，现有会展立法和规范性文件层级相对较低。国内很多城市已经历了会展综合立法由地方政府规章到地方性法规两个阶段。2010 年修订的《北京市大型群众性活动安全管理条例》虽然为地方性法规，但并非会展专门法规；2007 年《北京市展会知识产权保护办法》为地方政府规章，也并非综合性规章；《关于进一步促进展览业创新发展的实施意见》则既非地方性法规，又非地方政府规章。

第四，北京会展业促进和保护的法律制度尚需确立。作为支撑首都北京"四个中心"战略定位的会展业，其政治价值、经济价值、文化价值、社会价值和生态价值还无法在法律法规中真正落地。北京市会展管理部门虽然主要落在商务局，但是法律层面的联席会议制度还没有确立，相应的政府职能也无法充分发挥。作为联系政府与企业的北京国际会议与展览协会，因为缺乏法律地位的确认，在实践中的作用和地位还没有充分发挥出来。在地方性法规或地方规章层面，北京政府职能部门与协会行会等自律部门的制度缺失以及会展业多重价值等的空白，已经严重制约了北京会展业的持续健康发展。

北京亟须用级别更高的专门地方性法规来确立对会展业的法治保障。北京会展业在错过若干最佳立法时间点后，北京会展业立法行动的确迫在眉睫。

二、北京市会展业立法的必要性

在国内各城市会展业迅速发展的背景下，北京市会展业的快速健康发展迫在眉睫。这不仅仅是北京会展业作为产业发展的要求，更是北京首都功能定位下会展业发展的引领与担当。发展越是突出"快速"与"健康"，越需要有保障。北京会展业的法治保障应当遵循立法快速跟进且弯道超车的原则。从我国会展业发展的历史看，北京会展业发展的法治路径是由中国特色会展活动的举办体制、机制和中国的法治环境决定的，当然北京会展业法治化的使命与国内其他城市不同在于其服务首都北京的战略定位和总体规划职能。

聚焦北京会展业突出问题和法治建设薄弱环节，在习近平法治思想指导下，贯彻《民法典》，着力推进北京会展业法治化路径建设。在国家持续改革开放和两个循环并行的大背景下，会展业以其强大的撬动效应和战略支撑功能与国家大背景紧密联系在一起。

（一）贯彻习近平法治思想、双循环发展格局及改革开放的内在要求

会展业发展以及会展业法治化路径是贯彻习近平法治思想的重要体现，与双循环新发展格局和改革开放的顶层设计密切关联。

习近平法治思想要求在法治轨道上推进国家治理体系和治理能力现代化建设。习近平法治思想对于重大会展活动和改革开放有比较清晰的阐述。习近平主席亲自谋划、亲自提出、亲自部署、亲自推动举办了世界上第一

个以进口为主题的国家级展会：中国国际进口博览会。^① 重大会展活动已经进入顶层设计的理论与实践中，与改革开放、国际贸易、营商环境和国际合作等重大主题密切相关并成为其中重要内容。2021 年，中共中央办公厅和国务院办公厅印发《关于加强社会主义法治文化建设的意见》，明确提出围绕习近平法治思想"十一个坚持"加强对中国特色社会主义法律制度的理论研究，完善中国特色社会主义法治理论的学术体系、理论体系、话语体系。构建中国特色的会展业法治化路径是贯彻习近平法治思想和加强社会主义法治文化建设的体现和内在要求。

"双循环"新发展格局是 2020 年我国国计民生的关键词，并成为"十四五"开局之年国家治理和社会生活的热议话题，是进一步改革开放的重要体现和新阶段。在考虑充分发挥我国超大规模市场优势和内需潜力的基础上，国内国际双循环的新发展格局思想于 2020 年 4 月首次在中共中央层面提出。2020 年 8 月，习近平总书记在经济社会领域专家座谈会上进一步阐述了双循环格局的侧重点和辩证逻辑，在相互促进的国内国际双循环中要推动形成以国内大循环为主体的局面。在第三届中国国际进口博览会开幕式主旨演讲中，习近平主席进一步阐明"双循环"新发展格局虽然以国内大循环为主体但并非封闭的国内大循环，而是更加开放的国内国际双循环。本质上，"双循环"新发展格局是改革开放的进一步体现。

我国会展业与改革开放和招商引资进程呈现出同步性与伴生性。无论是位于广州的广交会、北京的服贸会，还是上海的进博会，都为中国的改革开放和外商投资做出巨大贡献，并成为著名的会展活动品牌和举足轻重的贸易投资促进平台。作为新中国会展活动的历史活性载体，1957 年创办的中国进出口商品交易会（广交会）是我国历史最悠久、规模最大的综合性国际贸易盛会，被誉为中国外贸的晴雨表和风向标，是中国对外开放的窗口、缩影和标志。作为世界上首个综合性国际服务贸易盛会，中国（北京）国际服务贸易交易会（2019 年更名为中国国际服务贸易交易会，简称服贸会）于 2012 年在北京举办。作为国际先进服务"引进来"和中国服务"走出去"的重要桥梁，服贸会对于外商投资服务业起到重大的推进作用。作

---

① 中国国际进口博览会.展会概况 [EB/OL].[2022–08–01]. https://www.ciie.org/zbh/cn/19us/Overview.

为世界首个以进口为主题的国家级展会，中国国际进口博览会是中国主动开放市场和拉动外商投资的重大举措。历史地看，我国招商引资的历史伴随着我国改革开放的历史，而我国改革开放的历史与我国的会展业发展相互匹配。改革开放当然要招商引资，这为会展业的发展提供了广阔的舞台、背景和土壤。会展业本身的发展也成就了我国的招商引资，引领了改革开放，重塑了中国形象。

北京"十四五"规划对服贸会、中关村论坛和金融街论坛分别提出明确的国际定位和国家定位要求。持续扩大中国国际服务贸易交易会国际影响力，组建全球服务贸易联盟，建设服务贸易特殊监管区，促进服务贸易与货物贸易融合发展，打造全球最具影响力的服务贸易展会。办好中关村论坛，打造具有全球影响力的科技创新交流合作与科技成果发布、展示、交易的重要平台。举办高水平金融街论坛，打造国家金融政策权威发布平台、中国金融业改革开放宣传展示平台、服务全球金融治理的对话交流平台。北京"十四五"规划对于北京会展设施和会展活动品牌建设提出明确具体的要求。扎实推进雁栖湖国际会都扩容提升，建成国家会议中心二期，启动建设第四使馆区，完善大兴国际机场、城市副中心等地区国际交往服务功能。加快国际会展业发展，建设新国展二三期，启动大兴国际机场会展设施建设。承办和培育一批具有全球影响力的国际会展活动，持续办好北京国际电影节、北京国际音乐节等品牌活动。

北京是京津冀一体化中的引擎，是"双循环"经济中会展业的重要阵地，是改革开放的风向标，是践行习近平法治思想的首善之区。因此，要确立会展业服务"双循环"新发展格局等国家战略的功能定位，要确立会展业服务对外贸易、对外投资等改革开放服务的功能，北京会展业发展选择法治路径应当毫无异议。

（二）《民法典》时代会展法治贯彻和执行的必然结果

《民法典》为我国会展业法治化路径提供了前所未有的机遇。《民法典》的贯彻执行必然为各地会展业发展带来新的契机，同时对会展立法带来新的挑战。各地会展业应当在《民法典》背景下认真研究立法和修法问题。

中国《民法典》具有时代使命。中国《民法典》的诞生意味着立法时代和立法背景，而不仅仅是一个视角。如果说 1804 年《法国民法典》是 19 世纪民法典的代表和启蒙之作，1896 年制定 1900 年生效的《德国民法典》是 20 世纪民法典代表和成熟之作，那么 2020 年公布 2021 年生效的中国《民法典》是 21 世纪民法典代表和创新之作。《民法典》承担的部分宪法意义上的使命也被普遍承认。作为民事领域的基本法，民法典对民事特别立法具有直接的制约作用。民事特别法的制定应当遵循民法典的基本理念与基本原则，不能违背民法典的基本规则。① 对于民事特别立法以外的范畴，民法典究竟能不能起到规范和指导作用？如果能，起到什么样的指导作用？这是需要不同的部门法认真讨论的理论课题。从《民法典》所包含的内容以及民法典对于某些宪法性原则与制度的某些落实看，即使从传统学理上认为属于非民法范畴的领域，也不能忽视对于《民法典》的深入研究。对于中国《民法典》而言，意义又不仅限于制定一部 21 世纪的法典。作为一个基本法，某种程度上即使是一些隶属于宪法的职能，我国民法在某种程度上也承担了。宪法与民法的关系研究在立法与司法层面都比较成熟，分歧也相对变小。在我国目前国情和环境下，我国宪法没有司法适用性。一些宪法观念、宪法价值、宪法秩序和规则在我国《民法典》中有鲜明体现②。事实上，《民法典》不仅遵循了我国宪法的原则与精神，而且落实了宪法中的相关制度。

《民法典》背景下对地方会展立法的研究还需要进一步展开。《民法典》对推进国家治理体系和治理能力现代化产生重大影响，为地方立法树立了典范并提出了新要求，应当发挥地方人大在《民法典》贯彻实施中的作用。③地方会展立法必然深受《民法典》影响。会展法作为边缘性交叉学科，尽管体系和架构还不完整，但是会展法基本原则、会展合同、会展主体法律地位和法律责任、会展知识产权等内容很显然属于《民法典》的范畴。因此，贯彻《民法典》需要进一步拓展研究：（1）《民法典》立法理论和技术对于会展立法的影响；（2）《民法典》对于会展立法基本原则的影响；（3）

---

① 沈开举，沈思达.民法典是保障私权制约公权的重要法宝[J].浙江人大(公报版)，2020(03):136.

② 任喜荣.民法典对宪法秩序建构的回应及其反思[J].当代法学，2021,35(03):33–42.

③ 尚鹏飞.浅谈以地方立法视角学习民法典的几点启示[J].吉林人大，2020(09):42–43.

地方会展立法在贯彻实施《民法典》中的制度安排；（4）会展特有法律制度与《民法典》一般制度的融合和对接。

《民法典》时代，北京会展业应当为贯彻执行法典做出表率；贯彻《民法典》要义的北京市会展业促进条例也必将为全国其他城市会展立法提供借鉴和蓝本。

（三）国内会展业促进立法进程加快的应对之策

商务部等部门很早就提出《会展法》立法问题，并向全国人大常委会委员提交过议案。虽然当时我国会展业发展势头猛，但制定法律的条件并不成熟。因此，议案被一再搁置。2007 年国务院《大型群众性活动安全管理条例》作为行政法规成为层级最高的会展立法，但是偏重于安全管理。伴随着各地会展业的迅猛发展，各地方积极制定地方性法规、地方政府规章以及若干鼓励性质的规范性文件。

在中国会展业迅速发展并在世界崭露头角的背景下，北京会展业作为服务业和朝阳产业应当在全国起到引领作用并在国际舞台上展现中国力量。尽管北上广仍然被认为是会展业第一集团，但在第一集团内北京距离上海会展业的差距越来越大，也面临着被第二集团会展城市赶超的局面。国内各城市会展业发展风起云涌，并纷纷用立法加以保障。在此情势下，北京面临着产业竞争和法律规制缺失的双重压力。

在世界范围内，我国近年地方会展立法无论是在速度方面还是在数量方面都全球领先。一方面，这显示出我国会展经济迅速发展对于立法保障的迫切需要；另一方面，这也成为我国会展业快速发展的重要标志。地方会展立法的快速推进为我国会展业的发展提供了良好的法治环境。相比全国而言，北京市会展业的法律规制处于相对落后状态。

地方会展立法已经从地方政府规章进展到地方性法规阶段。截至目前，我国西安、昆明、杭州、上海、厦门和成都等市人大常委会通过了会展业条例或会展业促进条例（参见表 2.13）。《西安市会展业促进条例》是全国第一个会展地方性法规，于 2013 年 10 月由西安市人大常委会通过。[①] 2015年 8 月，昆明市第十三届人大常委会通过《昆明市会展业促进条例》。2017 年 8 月，杭州市第十三届人大常委会通过《杭州市会展业促进条例》。2020 年 3 月，《上海市会展业条例》由上海市第十五届人民代表大会常务委员会通过，自 2020 年 5 月 1 日起施行。与此前三个条例不同，《上海市会展业条例》由直辖市人大常委会通过，比其他三个法规级别更高，会具有更大示范效应和影响力。2020 年 12 月，《厦门经济特区会展业促进条例》通过并自 2021 年 3 月实施。《成都市会展业促进条例》于 2021 年 4 月 29日通过并于 2021 年 5 月 28 日批准，自 2021 年 8 月 1 日起施行。虽然这些地方性法规在立法技术和内容方面还有很多需要完善之处，但是这种立法探索非常宝贵。这些城市地方会展立法走在全国前列，你追我赶的立法进程和趋势也日渐明显。

表 2.13　我国部分城市会展地方性法规

序号	文件名称	公布日期	施行日期
1	《西安市会展业促进条例》[②]	2013.10.29	2014.03.01
2	《昆明市会展业促进条例》	2015.08.27	2015.12.01
3	《杭州市会展业促进条例》	2017.08.24	2017.12.01
4	《上海市会展业条例》	2020.03.19	2020.05.01
5	《厦门经济特区会展业促进条例》	2020.12.11	2021.03.01
6	《成都市会展业促进条例》	2021.04.29	2021.08.01
7	《郑州市会展业促进条例》	2022.11.15	2022.12.01

① 该条例于 2020 年经西安市第十六届人民代表大会常务委员会第三十七次会议通过以及陕西省第十三届人民代表大会常务委员会第二十三次会议批准进行了修正。2023 年 4 月，西安市司法局发布《关于〈西安市会展业促进条例（修订草案征求意见稿）〉公开征求意见的公告》，该条例的第二次修正也即将完成。
② 2020 年本条例进行修订。2023 年 9 月，《西安市会展业促进条例（修订草案）》再次向社会征求意见。

　　比会展地方性法规历史要早的是会展地方政府规章。就会展地方立法的时间而言，会展地方政府规章比会展地方性法规的时间要早。在 2013 年《西安市会展业促进条例》之前，所有的地方会展立法为地方政府规章和其他规范性文件。我国很多会展一线和二线城市制定了会展地方政府规章，多为"展览业管理"或"会展业管理"内容。① 这些地方政府规章基本都确立了当地会展业管理机关、会展活动组织者以及会展活动的审批或备案程序等内容。从立法数量看，会展地方政府规章也高于地方性法规。尽管这些地方规章在立法内容和立法技术方面还有需要改进之处；但对于当地会展业的发展无疑贡献巨大。从 1999 年《大连市展览会管理办法》至今长达 20 多年的地方会展立法表明，会展地方立法越来越受到重视。从以上论述和地方立法实践看，没有法律和行政法规作为直接上位法但可以推进地方生态文明立法的机制，不是链条传动，而是有条件的直接推进，符合宪法精神，也是地方性先行立法的重要体现。

　　伴随着 2020 年《上海市会展业条例》的出台，地方会展业立法再次升级。为进一步优化会展环境，2021 年 2 月 1 日，上海市商务委员会发布《上海市会展活动备案暂行管理办法》（沪商规〔2021〕1 号），保障上海市会展活动备案工作有效开展和会展业健康持续发展。全国会展业日益白热化的竞争格局也使得北京会展业立法问题再次提上日程。北京应当抓住契机，制定《北京市会展业促进条例》或《北京市会展业条例》，在立法中确立更加全面和先进的会展业发展制度，不仅可以弯道超越其他省市会展立法，还可以引领京津冀一体化会展立法和中国会展立法。北京会展业立法工作很早就启动，但因为种种因素被搁置。此次新冠疫情不是北京会展业立法的障碍，而是一次难得的弯道超越目前全国各地会展立法的良机，是北京展会服务模式创新落地的法制保障。

---

① 需要注意的是，我国一些地方的会展立法存在不规范之处，因此也有人对地方会展立法存在误解，并非所有以"会展业管理"或"展览业管理"为名称的文件都是地方政府规章。

三、北京市会展业立法的路径

北京会展业快速健康发展的法治路径已经非常清晰。尽快研究制定北京会展地方性法规，在国家统一会展法出台前制定地方性法规是推动会展业发展的关键。

（一）北京市会展业立法层级的确立

从立法必要性看，加强北京会展业法治化建设，目前最重要的任务是制定统一的地方性会展法规；在问题解决层面，这是解决非首都功能疏解政策下北京会展业定位与发展、会展业服务首都"四个中心"功能建设、疫后会展业复苏、会展服务模式创新，以及会展促进立法滞后等问题的重要途径。从大背景看，这是构建"双循环"新发展格局、深化改革开放，落实习近平法治思想和《民法典》精神，促进北京会展业创新发展和有序竞争的制度保障。从国际层面法治路径和立法模式上看，这也是学习借鉴外国会展业发展模式和法治路径基础上建设有中国特色的北京会展法治的必然结果。从立法时机以及时间点选择上，制定北京市会展业地方性法规已经是刻不容缓。目前北京立法规划中还没有看到制定会展业地方性法规的项目，应当尽快将会展业立法列入规划并制定地方性法规。从立法层级和立法内容上，应当制定综合性的地方性法规。

（二）北京市会展业立法名称、宗旨与结构的确立

北京会展地方性法规的名称应该使用"会展业条例"还是"会展业促进条例"？如果使用后者，能够鲜明体现北京市对于会展业的保护促进理念和主线，也与政府对会展业地位的重视程度相符合。如果使用"会展业条例"名称，框架更加宽泛，内容相对宏观，既可以包括会展业促进内容，也可以包括会展业管理内容。这两个条例名称各有特色，具体使用哪个名称，还需要考虑目前我国会展业功能与地位、北京会展业立法应当秉持的理念与思维以及北京会展立法宗旨等诸多因素。我国目前会展业研究现状并不足够支持。目前，我国对会展业的研究还处于初步阶段，很多会展业发展

规律还处在摸索阶段。我国对会展业的研究也很难支撑将有关会展业的内在规律较为系统地用法律制度确定下来。最重要的是，我国目前会展业和会展经济发展现状不足够支持会展立法。我国目前会展业，无论是地方立法还是国家立法，都应当采取"促进"的宗旨和策略。因此，建议将本条例名称确定为《北京市会展业促进条例》。

北京市会展业促进条例的宗旨应当确定为：为了促进北京会展业健康发展，保障会展经济有序运行，规范会展活动，服务于北京"四个中心"首都城市战略定位，建设国际一流会展辐射中心。

北京会展条例的立法结构应当与北京会展业名称有密切关系。从条"法律责任"外，还应当确立"会展业促进""会展业保护"或"会展业服务"等内容，还有一块非常重要的内容就是"会展业管理"。

我国目前的大多数会展活动都可以自由举办，政府在审查和批准方面的权限逐渐放宽。但是，我国目前的会展活动仍然存在一些审批程序。当然，会展政府管理内涵也在发生巨大变化，北京市会展业政府管理也面临诸多需要回答和论证的问题。第一，北京重大国事政事外交活动对于其他正常会展活动的开展影响如何确定，是否要一律禁止还是在多大程度上限制或禁止？北京市会展业管理业必须认真回答这个敏感问题。第二，在会展活动事前监管向事中监管和事后监管转移后，北京事中监管尤其是事后监管的管理措施如何科学设置？如何进行精细化管理？第三，在举办会展活动放开审批情况下，会展公司和企业的重复办展等不正当竞争应当如何通过管理进行缓解和解决？第四，在会展活动市场化运营中，政府角色与市场角色如何平衡？如何解决政府对于大型会展活动不敢放手的担忧以及放手后的举措？第五，在会展法治化、会展智能化和会展生态化过程中，政府应当如何扮演管理者角色？北京又应当如何扮演引领者角色？第六，北京会展业在国内处于一线位置，也理应在讲述中国故事发出中国声音中承担责无旁贷的使命。北京会展业管理如何进行创新与守成的平衡？这些北京市会展业管理中一定面临和必须回答的问题，都需要在北京市会展业促进条例中找到答案。

（三）北京会展业立法基本原则的确立

深入挖掘会展业发展的规律以及北京会展业发展的方向和特色，探索并确立适合北京会展业立法的基本原则，应当是确保北京会展业法治路径的关键一环。除了政府引导与市场主导相结合基本原则以外，以下原则应当重点确立。

1. 确立生态文明原则

生态文明被列入 2018 年宪法修正案和 2020 年《民法典》，不仅是环境治理问题，还涉及国际化背景下大国责任的顶层因应，更是习近平治国理念和法治思想的重要组成部分，也是五位一体中国特色社会主义建设的重要内容。2019 年 6 月，生态环境部发布《大型活动碳中和实施指南（试行）》，[①] 在会展活动中推动践行低碳理念规范大型活动碳中和实施。该指南鼓励大型活动组织者实施碳中和，参与者参加碳中和活动。[②] 这里的"碳中和"对于会展业界和学界是相对新颖的概念，是指通过购买碳配额、碳信用的方式或通过新建林业项目产生碳汇量的方式抵消大型活动的温室气体排放量。[③] 就历史逻辑而言，在会展业中贯彻实施生态文明原则是人类文明在农耕时代和后工业时代发展的必然觉醒。

2. 确立会展政治、经济、社会、文化和生态多重价值统一原则

重视会展经济价值以外的其他多重价值是全面确立和认识会展业真正价值的关键点。在评估会展业价值时，通常倾向于谈及会展业的带动作用和价值；而在统计这种会展业在产业链中的带动作用时，通常在实践中难于操作。如果单纯计算展览业、会议业、赛事活动等收入时，又无法或难以体现会展活动和会展业的真正价值。因而，重估或重新评价，或者多方评价会展活动和会展业社会价值的评价体系应当建立。会展业的价值除了体现在经济方面外，其作为包含政治宣传和文化弘扬等因素在内的社会价值也应当被重视和重构。大型展览、高端会议和国际著名的赛事活动不仅

---

① 生态环境部．关于发布 < 大型活动碳中和实施指南（试行）> 的公告 [EB/OL].
(2019-06-14) [2020-08-12]. http://www.mee.gov.cn/xxgk2018/xxgk/xxgk01/201906/
t20190617_706706.html.

② 参见该指南第 5 条。

③ 参见该指南第 3 条。

有利于提高整个城市的品牌形象和地位，而且有利于提高整个国家的国际地位和国际形象，形成政治价值。目前我国各地会展业比较重视会展业的经济价值，对于体现文化软实力的社会价值以及生态价值还未引起足够的重视。北京应当率先在会展业发展中贯彻社会价值和生态价值理念，构建经济、社会、文化、生态等多重价值评估和指标体系。在成果固化和新闻传播方面，每一次（届）会展活动的意义和价值应据此充分挖掘，而不仅限于成交量或规模等经济指标；并且，在此基础上形成长效业绩和价值宣传机制。

3. 确立诚实信用原则

确立会展业诚实信用原则中的失信惩戒和信用恢复是关乎会展主体信用循环以及诚信落地的一体两面问题。就失信惩戒而言，确立打击会展主办方、承办方或者参展方等主体的失信或严重失信立法措施非常有必要。例如，将所有失信会展主体失信，行为纳入本市专用会展服务信息平台的信用体系和信用记录。对主办方失信，可以限制或取消其主办资格或租赁场馆；对承办方失信，可以限制或取消其承办资格；对参展商失信，则限制其参加展会或者永久性禁止其参加该展会。信用恢复需要科学设定信用恢复条件、时间和幅度，且与失信程度、次数和过错等因素相适应。例如，有的会展企业可能在过去的一年内连续严重失信两次，这与连续两年内每年各严重失信一次相比，何者更加严重和恶劣？实践中如何区分严重失信记录与一般失信记录？如果没有标准和标准失衡，则信用惩戒机制难以发挥真正作用。因此，诚实信用原则在事后监管背景下更具有特殊意义。

建议在北京会展业立法中突出诚信原则，即诚实信用原则。诚实信用原则被誉为民商法的帝王原则。会展业中之所以特别需要诚信原则，在于实践中的大量骗展事件和重复办展等不正当竞争行为。而且，我国目前政府大力倡导诚信以及信用体系的建设。同时，诚实信用在我国众多的法律当中都单独加以确立。例如，2020 年《民法典》第 7 条、2017 年修订的《民事诉讼法》第 13 条、2016 年《网络安全法》第 6 条、2015 年修订的《广告法》第 5 条、2014 年修订的《保险法》第 5 条、2013 年修正的《商标法》第 7 条等都明确规定了诚实信用原则。国务院《关于进一步促进展览业改革发展的若干意见》（国发〔2015〕15 号）第四部分"优化市场环境"特别提到要完善行业诚信体系，加快建立覆盖展览场馆、办展机构和参展企业的展览业信用体系，提倡诚信办展。建立信用档案和违法违规单位信息披露制度并实现信用分类监管。

四、北京市会展业立法的建议

对于北京会展业存在的问题以及会展促进立法缺位、制度缺乏问题，北京市会展业立法应当着重确立下列重要法律制度。

（一）确立会展大数据时代个人信息保护法律制度

大数据在所有行业或产业无处不在。对于会展业而言，大数据仍然有特别意义和价值，数据利用和个人信息保护也因此更具有迫切性和重要性。首先，从会展活动属性而言，会展活动具有人流、物流、信息流的聚合性。如果用数据加以诠释，每一场会展活动都是一个大数据资源。当然，大型会展活动本身的数据量更加客观。就上海世博会而言，观众达到 7300 多万人次，园区志愿者近 8 万人次。[①] 北京世园会举办 3284 场活动吸引 934 万中外观众，世园会官方网站累计访问量达 1.2 亿人次。[②] 无论线下人员的入场信息、住宿信息还是线上浏览的个人默认必要信息登录，都会产生海量数据。一方面，这是会展大数据建设的重要资源。另一方面，这是大数据和个人信息保护容易产生问题的领域。其次，个人信息保护是会展大数据建设和智慧会展发展的需要。"大数据之父"维克托·迈尔－舍恩伯格（Viktor Mayer-Schönberger）认为，大数据正在开启改变人们的生活、工作与思维的重大时代变革。[③]

贯彻《民法典》中关于个人信息保护的诸多权利，包括个人信息知情权、决定权、查询权、更正权和删除权等。参照《个人信息保护法》立法，

① 崔立勇. 上海榜样：世博会期间不限行的启示 [N]. 中国经济导报,2010-11-25(B07).

② 国新办就北京世园会闭幕式有关安排及筹备工作举行新闻发布会 [EB/OL].(2019-10-08)[2021-02-19]. http://www.china.com.cn/zhibo/content_75278326.htm.

③ [英] 维克托·迈尔－舍恩伯格，肯尼思·库克耶. 大数据时代 [M]. 杭州：浙江人民出版社,2013:1-3.

要确保数据流动自由与数据安全制度和边界。在数字时代背景下，每个人都面临着成为"透明人"和"裸体人"的风险，而能够控制个人尊严和安全的权利却不掌握在自己手中。企业用户画像技术越来越先进，人脸识别等生物识别也越来越滥用，企业采集、加工和运用用户数据的算法也越来越没有底线。尤其是，未成年人和儿童也不例外。这种无法掌控自己权益保护和安全威胁的场景下更应该尽早确立个人信息权。会展业作为信息流和数据流驱动产业，尽早确定这种权利也属责无旁贷。

在确定北京市会展业促进条例个人数据保护方面，作为会展活动的组织者，场馆方和会展服务方都会在会展活动运营和举行中收集大量参展者和观众信息，会展活动各方收集、存储、使用和披露会展参与者个人信息，应当经过参与者同意，并且应当遵循合法、正当、必要的原则，明示收集、使用信息的目的、方式和范围，不得违反法律、法规的规定和双方的约定收集和处理信息。对于已经收集的会展有关信息，必须严格保密，不得泄露、出售或者非法向他人提供；并且应当采取技术措施和其他必要措施，确保信息安全，防止消费者个人信息泄露、丢失。在发生或者可能发生信息泄露、丢失的情况时，应当立即采取补救措施。如果没有经过参与者明确同意或者请求，或者参与者明确表示拒绝的，不得向其发送商业性信息进行商业推送或商业广告轰炸。

（二）确立会展业反不正当竞争法律制度

北京市会展业促进条例对于会展业不正当竞争的治理应当综合性全方位考虑。随着我国会展业的高速发展和行政审批权的放开，举办会展活动也出现了重复办展、恶性竞争、展会参差不齐乃至骗展的大量案例。重复办展固然是市场主体活跃的一种体现，但是重复办展带来的负面影响更加明显。对于展会欺诈或者骗展行为，由于违法行为比较明显，因而首先要确立根据合同法律制度维护自身权益。但是对于同类展会的重复办展行为，涉及知识产权的，可以纳入会展知识产权法律规定范畴。如果重复办展不涉及知识产权侵权的情形，可以确立会展业竞争法律制度来进行调整。但是，在实践中，运用反不正当竞争法来进行保护的情形较少。从根本上说，重复办展的很多情形与诚实信用原则直接抵触。如果会展企业都遵守诚实信用准则，重视自己的信用建设，重复办展这种法律很难调整的现象也必将无处藏身。禁止会展业不正当竞争行为与垄断行为。会展活动各方应当遵循公平和有序竞争的原则，不得采取故意压低价格、编造虚假信息等不正当方式竞争。禁止破坏竞争秩序和市场竞争环境。具有市场支配地位的参与方，不得滥用市场支配地位，排除、限制竞争，不得以格式条款免除自己义务，加重他人义务。

（三）确立会展风险管理及防范法律制度

会展活动风险不仅来自会展活动本身。疫情背景下重大突发公共卫生事件作为第一枚多米诺骨牌引发的后果是一系列风险的产生。这些风险可能引发人身安全风险、财产风险，甚至可能引发政治风险。会展活动本身的风险复杂多样，例如场地管理风险、盗窃风险、交通拥堵风险等。会展活动风险的科学划分是风险治理的重要内容，不但有利于风险识别、评估与分析，而且有利于风险的积极预防和合理应对。风险划分可以基于风险时间，可以基于风险内容，也可以基于风险发生后产生的危害性和影响程度。风险划分应考虑风险的重要和危险程度、风险发生率的高低等因素以及分类中产生的交叉性质、风险预防措施的相同或类似度。

北京会展业立法应当对于会展风险处理和紧急情况下会展活动举办作出回应。在新冠疫情背景下，会展活动风险容易扩大，形成会展风险群。加强会展活动风险应对和避免措施：从政府层面看，可以提供政策支持和财政补贴，化解会展活动风险的损失；从会展企业层面看，可以通过不可抗力和情势变更制度变更或终止合同，避免双方损失扩大和争议加剧；从技术层面看，会展活动主办方可以开展云会展或者线上线下会展活动减轻损失；从风险分担机制看，会展活动应投保相应的保险，通过保险赔偿减轻损失。

（四）强化会展知识产权保护法律制度

北京强化会展知识产权保护目前依赖的是《北京市展会知识产权保护办法》。在北京市会展业促进条例中，直接确定会展知识产权保护显然更加专业更加有效。因为制定《北京市展会知识产权保护办法》所根据的

2006 年《展会知识产权保护办法》是针对当时会展知识产权侵权比较严重的情形而确立。时至今日，知识产权侵权打击和保护力度都不断加强，但是本办法却迟迟没有修改。因此，建议直接在北京市会展业促进条例中确立会展知识产权保护制度，一方面可以针对会展活动特点进行特别立法和保护，另一方面也可解决《北京市展会知识产权保护办法》是否需要随四部委规章再次修订问题，最后还可以加强会展整体立法的一致性，为将来国家会展法立法确定更加合理的规范框架。2006 年《展会知识产权保护办法》在 2011 年即公布修订征求意见稿，但是至今仍然没有出台修正版。而且从已经公布的修订稿内容看，会展知识产权的保护也存在一定欠缺。梳理 2006 年《展会知识产权保护办法》、2011 年修订意见稿以及 2007 年《北京市展会知识产权保护办法》中存在问题，应当确立全面严格的会展知识产权保护法律制度。

将北京会展知识产权保护纳入北京市统一立法，并且扩大会展知识产权保护范围，并将知识产权进一步拓展到会展标志和创意，进行全方面保护。第一，调整和扩大"会展"范围。《展会知识产权保护办法》第 2 条确定的适用范围为中国境内举办的各类经济技术贸易展览会、展销会、博览会、交易会、展示会等活动中有关专利、商标、版权的保护。该办法使用了"展会知识产权"的概念。但是，"展会知识产权"概念显然比"会展知识产权"外延小，偏重展览，对于会议以及其他会展活动并没有涉及。现代会展活动中展中会和会中展非常普遍，该办法是否适用？当然，对于单纯的论坛、公司会议等会议，该办法更是无法适用；就更不用说节庆、演出活动和赛事活动等其他会展活动。第二，扩大"知识产权"范围。保护办法仅仅限于专利权、商标权和版权，《北京市展会知识产权保护办法》也使用了"有关专利权、商标权、版权等知识产权"的表述，缺乏对于植物新品种权、特殊标志权和商业秘密权等的保护，与 TRIPs 协定的适用范围和我国《民法典》知识产权范围相差甚远。第三，修改"举办地"标准。仅适用举办地在中国境内或北京市举行的展会。《展会知识产权保护办法》调整在中国境内举办的展会，对于在国外举办的会展活动知识产权侵权则不涉及;《北京市展会知识产权保护办法》仅调整在北京市内举办的展会，对于中国境内其他地域的展会也不涉及。很明显，仅仅以展会举办地确定适用范围不利于解决海外知识产权侵权保护问题。对于北京市会展立法而言，知识产权保护的地域范围不仅仅限于在北京举办的展会，而且应当包括登记注册地在北京的会展企业举办的展会。第四，由会展知识产权扩展到会展名称、标志和创意等会展创意创新范畴。落实和借鉴《特殊标志管理条例》和《奥林匹克标志保护条例》，确立会展名称和标志规范性保护。借鉴"创意信封"登记备案制，研究并确定会展活动创意保护制度，完善创意和设计产权制度。鼓励会展名称、标识和创意在北京市会展公共信息服务平台依法进行登记备案保护。

北京会展知识产权侵权保护手段和措施应当落实到位。常规的会展知识产权侵权保护是按照《专利法》《著作权法》《商标法》等有关知识产权实体法律的规定，通过民事、行政或者刑事诉讼让侵权人承担相应的法律责任。确认并充分利用诉前禁令制度在专利权、著作权、商标权、计算机软件著作权和集成电路布图设计权中得以实施，对于还没有覆盖的商业秘密权与地理标志权则例外。当然，诉前禁令与诉讼制度密切关联，如果采用仲裁方式解决争议可否适用这些条款？除了诉讼途径解决会展知识侵权争议外，会展活动现场的知识产权保护措施也至关重要。会展活动现场具有会展知识产权侵权高发性和爆发性特征，因而即时争议解决至关重要。这需要在会展活动现场设立相应的争议解决结构，通过调解、仲裁等快速争议解决方式化解纠纷，避免知识产权纠纷激化并涌入诉讼拥堵车道。

（五）确立大数据理念下的会展统计与评估法律制度

数据成为国家基础性战略资源和 21 世纪的"钻石矿"。中国大数据建设与国际同步，中国大数据市场元年被认为是 2011 年。[1] 2014 年 3 月，"大数据"概念首次写入《政府工作报告》。至今，我国已成为产生和积累数据量最大、数据类型最丰富的国家之一，[2] 成为世界上最复杂的大数据国家。根据工信部《"十四五"大数据产业发展规划》，2025 年大数据产业测算

---

[1]　Liu, Y., He, J., Guo, M., Yang, Q., & Zhang, X. (2014). An Overview of Big Data Industry in China. China Communications, 11(12), 1–10. https://doi.org/10.1109/cc.2014.7019834

[2]　《大数据产业发展规划（2016—2020 年）》（工信部规 [2016]412 号）。

规模突破 3 万亿元，创新力强、附加值高、自主可控的现代化大数据产业体系基本形成。大数据已经成为我国和世界经济发展的重要基础和理念。在此理念支持下，会展业统计与评估理应超越原来传统统计学意义上的工具价值。会展业统计评估制度可以描述会展业本身的体量，展现会展业的多重功能与价值，反映产业在国民经济中的重要性，展示会展活动在国家和国际交流中的重要地位。会展业调查统计与会展业评估反馈制度在制度属性上并无区别，但在制度功能上仍然有较大区别。

北京市会展立法应当化解会展统计与评估制度中的真正痛点。第一，大数据驱动机制下，通过统计科学评估会展业发展中的真正问题，做到问题数据化和量化，通过数据分析来寻找问题与解决方案。第二，倡导会展业统计的多重价值指标和体系，设计文化价值、社会价值和生态价值等不同的价值指标，充分体现会展业价值，避免单一经济化陷阱以及统计虚增。文化、社会和生态指标，无论是预期性指标还是约束性指标，都是破解唯经济论或者单纯经济指标的一种胜利。第三，侧重对于会展活动文化软实力等软性战略功能的统计与分析，加强软实力的硬指标建设。第四，将会展统计与报告纳入政府工作，不但包含交易硬指标（展馆和展览数量、面积），而且包含软指标。充分利用会展统计数据在会展招投标、会展活动奖励以及会展活动评估等方面作用，做好监督和引导工作。第五，除了展览统计外，重视会议、节庆和赛事等活动统计，实现真正意义上的会展统计，而不是展览统计或者会议＋展览统计。第六，贯彻《国务院关于进一步促进展览业改革发展的若干意见》（国发〔2015〕15 号）提出的"健全行业统计制度，完善统计监测分析制度，建立综合性信息发布平台"精神，贯彻和借鉴 2022 年《展览业统计调查制度》，强化数字经济和绿色指标，加大会展业统计调查监测分析力度，为建立会展业权威数据基础和科学政策体系提供有力支撑。

在北京会展立法中，应当将会展业纳入国民经济统计体系，建立符合会展业发展规律的经济指标、文化指标、社会指标和生态指标。地方会展主管部门应当会同统计部门负责对会展业相关数据进行统计。各级商业、科技、旅游、文化、体育等行政管理部门应当相互沟通，共享数据，共同建立会展业数据统计体系。会展业行业协会、场馆和会展企业应当按照主管部门的要求如实报送数据。

综上而言，唯有确定高端定位，才能解决好会展业在北京非核疏解和服务"四个中心"功能建设中的关系问题；贯彻落实《民法典》要求，遵循会展业发展规律，加强个人信息保护和政府数据治理，创新会展服务模式，确立大数据理念下的会展统计与评估制度和会展突发事件风险管理及防范制度，规范会展业正当竞争制度，是确保北京会展业市场化的重要举措，与会展知识产权制度构成北京会展业营商环境和市场化运作的重要制度基础。构建起比较完善的会展业法律制度才会为北京会展业健康快速发展提供源源不断的原动力。

（供稿：张万春 北京联合大学法律系副教授、硕士生导师，中国会展经济研究会法律与政策工作委员会主任）

2023 年会展业的六大关注点

2023 年，会展活动链接两端：一端是外贸企业出海的供应链，一端是拉动国内消费市场的产业链。为帮助企业"走出去"，部分会展主体由国内市场转至境外，开启了"出境展元年"。作为地方政府招商引资的高效载体，会展活动发挥着重要作用。

与此同时，会展企业的数字化升级未曾停止，既要面对技术与产业融合的挑战，又要盘算展览项目持续办下去的生存压力。下一个赛道已浮现，会展作为促进经济发展的载体，仍将发挥无可替代的平台价值。

政策：发挥展会平台效应

国务院办公厅 2023 年 12 月 7 日印发的《关于加快内外贸一体化发展的若干措施》（以下简称《若干措施》）提出，加快内外贸一体化发展是构建新发展格局、推动高质量发展的内在要求，对促进经济发展、扩大内需、稳定企业具有重要作用。《若干措施》提出了五方面 18 条工作措施。

《若干措施》在第二方面"促进内外贸市场渠道对接"项下提出，组织开展外贸优品拓内销系列活动，加强市场对接和推广，鼓励开展集中采购，支持优质外贸产品进电商平台、进商场超市、进商圈步行街、进工厂折扣店、进商品交易市场。

加强外贸新业态新模式及相关政策宣传和业务培训，支持内贸企业采用跨境电商、市场采购贸易等方式开拓国际市场。推动高质量实施 RCEP 等自由贸易协定，拓展企业的国际发展空间。

《若干措施》明确提出，发挥平台交流对接作用。培育一批内外贸融合商品交易市场，完善国内国际营销网络，强化生产服务、物流集散、品牌培育等功能，促进国内国际市场接轨。推动境外经贸合作区提质升级，鼓励内外贸企业以合作区为平台开展跨国经营。

2023 年 4 月 11 日，国务院办公厅印发《关于推动外贸稳规模优结构的意见》（以下简称《意见》）。《意见》第一条"强化贸易促进拓展市场"明确提出，优化重点展会供采对接。推动国内线下展会全面恢复。办好中国国际进口博览会、中国进出口商品交易会、中国国际服务贸易交易会、中国国际消费品博览会等重点展会。支持中国进出口商品交易会优化展区设置和参展企业结构，常态化运营线上平台。各地方和贸促机构、商协会进一步加大对外贸企业参加各类境外展会的支持力度，加强组织协调和服务保障，持续培育境外自办展会、扩大办展规模。

《意见》明确，便利跨境商务人员往来。加强对外沟通，提高 APEC 商务旅行卡办理效率，加大工作力度推动其他国家畅通我商务人员申办签证渠道、提高办理效率。继续为境外客商办理来华签证提供便利。研究优化远端检测措施。尽快推进国际客运航班特别是国内重点航空枢纽的国际客运航班稳妥有序恢复，推动中外航空公司复航增班，更好为商务人员往来提供航空运输保障。

《意见》强调，加强拓市场服务保障。我驻外使领馆通过完善合作机制、加强信息交流、推介重点展会等举措，创造更多贸易机会，加大对外贸企业特别是中小微外贸企业开拓市场的支持力度。发挥贸促机构驻外代表处作用，做好信息咨询、企业对接、商事法律等方面服务。发布相关国别贸易指南，想方设法稳住对发达经济体出口，引导企业深入开拓发展中国家市场和东盟等区域市场。

技术：数字赋能 链接无限

数字经济的核心是数字技术创新。数字技术也在驱动全球新模式和新结构的变化。相关数据显示，目前，超过 170 个国家和地区发布了数字化国家或者区域战略。

在华为公共事业系统部数字政府首席架构师聂俊宇看来，随着海量链接和海量数据的产生，企业的云服务将由上云转为云原生。未来的终端将从小屏跨入到无屏。每一个屏幕都可能作为个人终端的展出和输出，将人与环境融成一个智能体。

当下，很多新技术在不断地与实际应用场景相结合，比如元宇宙以及 metaverse3.0。未来，网络、元宇宙和人工智能，是基础设施构建的三个关键核心要素。通过融合创新，将从技术裂变到商业裂变新模式。现阶段，线下实体展览进入 2.0 时代。未来，展会将摆脱过去季节性、时效性、地域性和空间性束缚，成为 365 天线上和线下无时不在的会展，收入将更加多元化。

与此同时，在线上线下融合的趋势下，场馆将进入参观体验的 4.0 时代。这表明，以人为本的展会参与者及体验场景更加多元化。

"产城融合将成为未来会展中心发展的必然趋势。"聂俊宇表示，随着我国城镇从简单的产业聚集人口模式进入城、人、产发展模式，会展将作为链接上下游企业的支点，形成以会促聚的新思路，运营模式也从单一场馆租赁向一站式综合性服务转变，并延伸出运营场景和运营空间。

就技术创新而言，深度数字化已赋能会展业。随着数字技术的应用，整个会展服务体验和运营管理效率得到极大提升，如云上看馆、3D 展位、云端会议、5G 直播互动。

多元场景逐渐满足各类用户需求后，场馆方将关注有序进场、安全参展等，主办方则关注观众是否通过无感参会模式、及时获取会议信息、完成会后跟踪等。鉴于此，传统场馆运营亟须升级智慧化运营模式。

聂俊宇认为，实现智慧化场馆运营，需要构建五大智能化体系，即场馆保证能力、会展运营能力、服务体验能力、数据运营能力、基础设施供给能力，需要强大数据平台、云计算平台、人工智能平台以及算力，如此才能提供保障运营和体验服务能力。

聂俊宇建议，智慧会展在数据运营上，需要构建多元化数据应用生态，激活数据资产价值，创新整个会展业务运营。数字经济的核心，其实是以数据信息作为关键生产要素。如何将获取到的海量历史数据与主办方数据实时结合，投入未来策展过程中，是未来创新业务运营的关键，如此将拓展新的市场空间与合作机会。

城市：提升营商环境

2023 年以来，各地政府将发展会展经济、创造营商环境、提高城市形象、吸引国内外投资纳入年度目标，中部城市长沙和郑州在城市营商环境上进行了较多投入和政策扶持。

据长沙市人民政府副秘书长李晓斌介绍，在 2022 年度中国会展城市竞争力指数发布会上，长沙排名总榜单第 8 名、省会城市第 1 名。

长沙会展按照"一核两翼"，进行多点布局。其中，长沙国际会展中心面积 11.4 万平方米，室外展览面积 10 万平方米，是中部地区面积最大、功能最强的综合性展览中心之一，是中部地区面积最大的会议中心。长沙已经形成了酒店、物流、安保、展会搭建等完整的配套服务体系。

此外，长沙的会展机制完善，实现了会展审批一窗式受理、一站式服务，简化办展流程，创建了会展智慧服务平台，便利展会服务，创新了自贸区会展安保服务管理资质，实施了会展高端人才融入长沙人才政策 45 条计划，享受落户、购房、子女入学等便利。为吸引高端人才落户，长沙提出引育世界 500 强企业研发中心和高端人才最高分别给予 10 亿元支持和 1 亿元资助。

目前，湖南省正在起草会展业支持政策，长沙市也在出台支持条例，将形成具有长沙特色和国际影响力的会展体系和营商环境。

相对长沙，郑州聚焦"四高地、一枢纽、一重地、一中心"和郑州都市圈建设，以推动会展业实现新跨越。2022 年年底，郑州出台了法规《郑州市会展业条例》。2023 年，郑州航空港区出台支持会展业优先发展的若干意见以及配套的专项资金管理办法。根据该办法，航空港区每年将安排3000 万元会展专项资金支持会展项目的举办，并在重要展会的招商对接、产业对接、宣传推广上给予协助。

12 月 8 日，随着郑济高铁的全线贯通，郑州建成"米"字形高速铁路网，郑州枢纽的通达性位居全国首位。随着中原国际会展中心开业运营，郑州成为继上海虹桥之后又一个"空铁联运 + 会展"城市。

郑州方面提出，要从交易场所向产业发展平台转型，将从会展场馆所在区域和城市发展出发，连接产业链的上下游资源，推动产业和城市发展，实现产城融合的会展新生态。

企业：创新与裂变

新冠疫情后恢复的会展市场发生了很大改变：一方面，细分领域孵化更精准题材展览；另一方面，资本的注入加快属地化布局。

"运用创新与发展，产生裂变。"上海华墨展览服务有限公司（以下简称华墨展览）董事长王国平表示：疫情期间，华墨展览主办了3个新展览项目，遇到了不小的瓶颈。现在回头看，所积累的失败经验为今后发展之路提供了有益借鉴。

王国平介绍，华墨展览一直坚持"两大底层逻辑，三步路径创造一个新展项目"。第一个底层逻辑是建立外部视觉，以客户为中心。第二个底层逻辑是商业竞争，其实是用户心智之争。当下，碎片化信息占据了消费者的大脑。在这一背景下，将展览内容植入消费者心智的难度加大。但也有规律可循。根据市场调研，华墨展览总结了四大规律：一是消费者会记住不同的地方；二是消费者只会记住主角；三是消费者相信权威；四是符合常识。

鉴于此，在实施三步路径方面，要扫描行业心智，明确战略定位，找准目标群体。发动关键战役特别是决胜的关键战役，要有强大的冲击力，如此才有可能实现目标。如华墨展览于2019年举办食品类展会。众所周知，饮料、生鲜、食材、糖烟酒等品类的展会市场已经有多个品牌展，在市场调查后，华墨展览决定做预制菜。遵循规律，华墨展览抓住机会，展览项目实现了初期的小目标。

"连锁产业展是华墨展览的特色标签。"王国平解释说，多年来，华墨展览的展览模式是连锁产业展。在他看来，商业底层由三个要素组成，即成本、效率、用户价值。连锁产业展的逻辑是扎根国内市场，通过规模化优势提升参展商的参展效率，降低参展成本，将溢出效率转化成客户价值。

王国平表示，早在2015年，华墨展览就获得资本投资，这也是连锁产业展发展战略产生的结果。多年来，华墨展览的项目涉及多个行业，其中，华夏家博会已成为家装行业的营销通道。

华墨展览通过数字化营销聚集行业的品牌，利用数字化将其推向市场。华墨展览从实践中发现，这一模式得到了行业、资本的认同。目前，B2C展会的趋势即是数字链接更多可能。如何将数据转化成更大的价值，是华墨展览当下就市场布局所做的思考。

出展：出境展元年

2023 年以来，赴境外主办展会成为趋势。这与此前组织企业出境参展有着本质的不同。其中最大的区别在于：出境自办展是针对"中国制造""走出去"量身打造的具有自主产权、自主品牌、独立运营的展览营销平台。因此，2023 年被称为"出境展元年"。

在出境举办自办展上，米奥兰特国际会展（以下简称米奥兰特）作为最先"走出去"的会展企业，已成为一个出境自办展"符号"。《中国贸易报》记者在调查采访中了解到，2023 年，米奥兰特在印尼、波兰、阿联酋、越南、墨西哥、土耳其、南非等国家主办出境展项目 17 个，国内参展企业 1 万余家，总面积近 30 万平方米。

"目前有少部分企业通过'造船出海'模式为'中国制造''走出去'服务。"米奥兰特国际会展董事长潘建军表示，为帮助外贸企业"走出去"，国内代理境外展会服务商组织企业参加海外展，那一阶段是"借船出海"期。但疫情三年，这一势头受到极大冲击。

潘建军告诉记者，米奥兰特出境自办展，到不同区域市场的买家"家门口"搭建平台，方便当地采购商采购中国商品。目前，出境自办展的主要功能是帮助中国产品卖出去，为其搭建贸易平台。现阶段，出境展还处在初创阶段，这也是 2023 年被定义为"出境展元年"的原因。未来，将有不同行业的专业展主办方陆续"走出去"，到境外采购商聚集的区域举办出境自办展。

2023 年初，米奥兰特启动了搭建海外专业展孵化平台工作，这被认为是米奥兰特出境自办展运营模型的第二阶段。据悉，第一阶段为国别综合展。米奥兰特 2023 年 5 月组织国内展会主办方到印尼考察，并于下半年在印尼落地了几个专业展的出境展项目。米奥兰特组织 16 家国内展览主办方考察印尼市场环境，并举办了中国展览走出去圆桌论坛，探讨接下来专业展项目如何在海外落地。

潘建军表示，未来出境展的目标是：每一个专业展都要打造一个全球营销平台，并与国内的展览平台形成功能互补。简单地说，将展览从单一贸易功能迭代为"贸易服务 + 行业交流"功能，从而实现从"借船出海"到"造船出海"平台的功能转换。

融合：打造新生态

这一年，PRIME 行业提到最多的关键词就是"会展新世界"。

"研究新变化、探寻创新、寻找新机遇，提升竞争力。"据智海王潮传播集团（以下简称智海王潮）总裁谌立雄解释，PRIME——PR 即公关公司，I 即整合营销和奖励旅游，M 即会议，E 即创意活动和展览。

"市场越是变化不断，就越有发展机遇。"谌立雄表示，新世界以创新、向外拓展和高质量发展为标志，中国将从会展大国走向会展强国。当前会展企业面临着与以往大不相同的新环境、新趋势、新机遇。

纵观 2023 年，"会展新世界与 PRIME 新成长"出现了 9 个关键词，即"内贸外贸一体化：全球化产业链新机遇""B+C 一体化：营销业大趋势""私域运营：高增长高稳定客户回报池""个人及活动 IP 化：起步正当时""深耕下沉市场：会展拼多多机会多""拥抱年轻化：得年轻者得天下""方法论竞争：知识产权溢价时代正到来""政府活动也跨界：多种需求，同时满足"和"出海寻成长：2023 年，中国会展出海元年"。

谌立雄认为，在 9 个关键词中，"内外贸一体化"和"出海寻成长"与国际化关联紧密、密不可分。

业界将面临不确定性与复杂性的当下定义为"乌卡时代"。对此，中青博联整合营销股份顾问有限公司有关负责人表示：首先要纵向做到专、精、强，从客户所属行业提供专业化服务，其次是横向延展，在做好自身优势的同时，通过创新拓展更多领域。

"在'乌卡时代'，你要不停地奔跑才能留在原地。"对于"乌卡时代"的市场环境，长狄公关董事总经理汪淏表示，当下国内市场的"内卷"前所未有，必须从业务方向、客户筛选、人才聘用、巩固优势、突破自我等企业经营管理的细节做出提升，从而拓展公司的边界，增加利润。

针对这一现状，智海王潮山东公司总经理张龙认为，当前会展业"内卷"、会展企业竞争加剧的主要原因之一，在于企业扎堆、同质化严重。未来，会展业生存模式将从传统竞争转移到价值竞争，内容创新将成为新动能。

（供稿：周春雨，原载于《中国贸易报》2023 年 12 月 26 日，第 5 版）

北京会展的历史与今天

今天，已成为业界交流展示首要平台和国际环保企业进入中国市场首选渠道的中国国际环保展览会在国展中心盛大开幕，与同时举办的其他展会一起，开启了"一日五会"的热闹模式。纵观 2023 年的会展目录，整个 4 月间，京城各类展会有近 20 场，数量几乎赶上了前三个月的总和。从新中国成立之初以展示国家政治、经济、文化成就为主，到改革开放以来成为促进经济和文化交流的重要方式，再到发展成行业的领军品牌和商业的吸金器、展示和推广新技术新产品的重要平台——北京的展会，已成长为蓬勃繁荣的会展经济，伴随着春天的脚步，在疫情之后快速复苏，欣欣向荣。

新中国成立初期：传经送宝，展示成就

传经送宝、展示成就，是新中国成立初期展会的关键词。1952 年 7 月，市总工会在劳动人民文化宫举行了一场长达两个月的北京工人先进生产经验展览会，吸引了 6.7 万余人参观，除本市观众外，还包括绥远、太原、天津、沈阳甚至广州等地的参观团。许多观众参观后都要求把这次展览的先进生产经验编印成册推广出去。

那些年，北京举办的展会内容相当丰富，《北京日报》也一度以每周一期的频率向社会广而告之。从《北京日报》1955 年 11 月 12 日 4 版的《北京的展览会》中便可窥见一斑：这则服务广告罗列了 18 个大大小小的展览会，而且全部是当日的。这些展览会从内容到形式不拘一格，生动活泼：有推广生产经验的"增产节约展览会""车间窍门展览会"，有普及知识的"妇幼卫生展览会""速成识字法展览会"，还有琳琅满目的画展、书展、花展、工艺美术展……展览地点也不仅仅局限于劳动人民文化宫这样的大场所，文化馆、学校、公园乃至厂矿企业，都有"展厅"。据《北京日报》

1952年12月7日2版《永茂实业公司印刷总厂举办废品展览诉苦会》报道，为了提高产品质量，厂里请工人们从各车间搜集废品，并在废品上一一标明来自哪里、出现的原因和造成的损失。厂宣传员还编了快板，让税票、铅版等产品登台"诉苦"："税票上台把言发，我的用处非常大，不料刚到裁切组，裁刀'咔嚓'一落下，我的头脚分了家……"鲜活的实例，风趣的形式，让大家在参观交流的过程中深刻认识到了出产废品的严重性。通过这次废品展览会，各车间都建立了检查制度，成品质量大大提高。

1957年2月20日，规模空前的全国农业展览会在京开幕，这是新中国历史上第一个国家级农业展览会。据《北京日报》1957年2月21日1版《全国农业展览会开幕第一天》报道，展会不仅展示了我国新中国成立以来在农、林、渔、牧、水利、气象等建设事业上取得的巨大成就，同时展示了我国丰富多彩的珍贵资源和巨大的增产潜力。这场盛大的展会历时5个多月，到7月底闭幕时，共接待了参观者220多万人次，其中包括苏联农业参观团、泰国贸易代表团、日本社会党代表团，以及所有驻在我国的各国使节。时任苏联最高苏维埃主席团主席伏罗希洛夫在观展后表示："这次农展会像一面镜子，它真正反映出了新中国农民辛勤劳动的成果。在短短的几年内，新中国就展现出如此巨大的成绩，这绝非资本主义国家所能办到的。"

改革开放初期：走出去，引进来

改革开放以后，随着国门打开，北京展览业开始拥抱世界，"走出去"成为一大鲜明特色。以《北京日报》关于展会的部分报道为例：1980年6月，以中国现代书画和反映北京市民生活的照片为主的北京展在东京开幕，短短6天的展览吸引了4万多人。许多观众在留言簿上用"美好""感动""叹为观止"等词汇来抒发自己的观后感。1981年9月，北京商品展览会在科威特开幕，科中双方合办的贸易中心也于同期正式营业。1985年5月，我国受邀参加在日本举办的筑波国际科技博览会，这是我国首次在国外开设"中国馆"参加综合性大型科技展会。1986年8月，中国经济贸易展览会在莫斯科举办，历时17天的展出期间，观众总数达35万人……

1980年5月31日，北京在香港举办的首个大型综合性展会——北京市出口商品展览会隆重开幕，展场面积达 2000 多平方米，展品 7000 多种，吸引了大批中外人士前往参观。展场内人潮涌动，热闹非常，仅在开馆首日的四个半小时之内，入场观众就达 19700 多人，第二天更是猛增到 26000人。宾主纷纷展开了生意洽谈，先后达成了 200 万港元的服装交易，不少工艺品亦迅速被订购，价值达 40 多万港元（1980 年 6 月 1 日《北京日报》2 版，《〈北京市出口商品展览会〉在港开幕》）。《北京日报》在随后 7月 16 日 2 版的追踪报道《一个"没想到"的展览会》中披露，除了传统的服装、工艺品外，北京的化工产品、机床、五金工具也引起不少外商的兴趣。许多参观者这样议论：以前一提北京，就是工艺品、景泰蓝，没想到还有这么多东西！星海牌 104A 立式钢琴前围着一大批商人，他们得知货已售完，立即向工作人员恳求道："能不能给挤点？"最终，这场历时 21 天的展会，创下参观人数达 17 万人次、成交额 750 万美元的佳绩。

1985 年 9 月，中国北京经济贸易展览会在华盛顿开幕，这是新中国成立以来本市规模最大的一场出国展览会。在华盛顿市会议中心 C 馆 2500 平方米的展厅内，共展示了 119 类、5000 多件（套）展品（1985 年 9 月 27 日《北京日报》1 版，《北京经济贸易展览会在华盛顿开幕》）。历时 9 天的展览会吸引了 4 万多名美国观众，展品引起了美国工商界人士的浓厚兴趣，共签订 3000 万美元的进出口贸易合同。

展会"走出去"的同时，还有更多的"引进来"，而且所涉领域极其宽泛：国际农业技术展、国际可再生能源展、美国经济贸易展、日本工业新产品样本展、多国食品加工机械设备展……这些琳琅满目的展会，有很多还刷新了纪录：1984 年 11 月和 12 月相继在京开幕的国际铁道地铁设备和技术展览会、国际航空技术展览会，1986 年 1 月和 6 月的国际国防工业展览会暨工业现代化展览会、国际体育仪器器材展览会，以及 1987 年 6 月的国际机器人仪器仪表展览会，都属新中国成立以来首次在我国举办；1986 年 3月先后举办的国际机床和通用机械设备展览会、国际纺织服装工业展览会，以及 7 月的国际汽车工业技术展览会，都创下了新中国成立以来同类展览中的最大规模。

1985 年 7 月，北京国际展览中心成立。据《北京日报》1987 年 3 月 8日 4 版《今年将举办 22 个国际专业展览会》报道，国展中心积极开拓国外

来华展览业务，年内要在北京展览馆、农业展览馆和人民大会堂等地举办
22 个国际专业展览会，涉及通讯、国防电子、新材料新技术、核放射医疗
设备等方方面面。这些国际性的专业展览会，将对本市发展对外贸易、引
进技术、利用外资和各种形式的经济技术合作起到促进作用。

深化改革阶段：渐成气候的会展经济

进入 20 世纪 90 年代，北京展览业的发展进一步提速。据《北京日报》
1991 年 5 月 5 日 2 版《本市今年展事频繁 参展外商积极踊跃》报道，4 天
后开幕的"国际专业音响、灯光及演出器材展览会"，云集了来自日本、英国、
中国香港等国家和地区 70 多个厂家的先进专业音响、乐器及舞台灯光设备。
由于外商参展非常踊跃，设在民族文化宫的这场展会，原定招展面积远远
不够，以至于将民族宫餐厅也包下作了展厅。

强劲的需求，催生了越来越多的展览场地。除了著名的国展中心、北展、
农展馆外，一些酒店、商场和体育场馆也纷纷开辟出办展场地。到 20 世纪
90 年代中期，几乎每天，在北京的大饭店、高校、研究机关都有学术会议
在召开，一些更加专业化的展会逐渐增多，并且涵盖更广泛的领域，展会
的国际化水平大为提高，一些国际顶级展会纷纷来到北京拓展市场（1996
年 12 月 26 日《北京日报》7 版，《北京成为国际科技交流中心》）。1997
年 7 月，北京科技会展中心动工兴建，以服务 21 世纪中国高科技产业为目标，
要建成为北京市西北地区的标志性建筑（1997 年 7 月 6 日《北京日报》3 版，
《北京科技会展中心动工兴建》）。2001 年，已经扩建 5 次的国展中心宣
布易地建新馆，因为一年要办 100 多个展览，平均 3 天就 1 场，许多大型
展会一办就是上万平方米，展馆不够用了（2001 年 11 月 24 日《北京日报》
5 版，《国展易地建新馆扩容四倍》）。

随着展览规模的壮大和质量的提升，"会展经济"的概念出现了。

2000 年，北京人印象中最火的一个展览是国展中心举办的北京国际汽
车工业展览。据《北京日报》2000 年 6 月 11 日 2 版《车展辗热"会展经济"》
报道，规模盛大的车展给北京带来数以亿计的各项收益。展馆周边各种档
次的旅店早在展会开幕前就全部爆满，各大饭店的会议中心、宴会厅热闹

异常。酒店、餐饮、交通、零售、广告、印刷、旅游等行业都从中受益匪浅，相关产业收入竟是展会直接收入的 6 倍，"会展经济"成为人们津津乐道的新词汇。

国贸房展也已大成气候，办出了品牌效应，这在房地产界和展览界是公认的，办房展去国贸似乎成了惯例。2001 年的房展安排颇有名堂——春、夏、秋、冬四季展，像电视连续剧，其中春季房展在没正式刊登广告、没发任何招展材料的情况下，1、2 号馆及其序厅就全被订满，组委会不得不新开发了 3 号馆。不光开发商"唱戏"，中介机构、广告商、建材、家具、装饰品、卫生洁具等经销商也去"沾活儿"，同时还带动了其它生意。

本市从 1998 年开始举办的标志性活动"北京高新技术产业国际周"，甫一推出便牢牢锁定了北京的高新技术产业中心地位，成为北京展会中的一个名牌。2002 年，"国际周"升级为"中国北京国际科技产业博览会"，简称"科博会"。北京整合会展资源，大力推动会展经济发展，把国际周改名科博会，正是北京重视会展业的举措之一。

统计显示，"九五"期间，北京共举办 1251 个展览会，占到全国展览会总数 50% 以上（2002 年 12 月 7 日《北京日报》6 版，《北京拟打造会展之都》）。

新世纪新时代：经济发展的新引擎

伴随着时代发展的洪流，"会展经济"迅速成长，被称为社会经济发展的晴雨表、拉动国民经济的助推器。"十五"期间，北京市将服务贸易列为重点发展的产业，会展业是服务贸易中的"重头戏"。

在 2008 年中国国际会议产业论坛上，国际大会及会议协会（ICCA）发布的最新数据显示，2007 年北京共举办了 87 场大型会展，在全球城市中位列第 8，成为首度出现在前 10 名的中国城市。2008 年，国家会议中心 2000 人以上的会议和展览谈了 100 多个，其中最远的项目已经谈到了 2018 年（2008 年 12 月 19 日《北京日报》13 版，《北京步入全球会展城市前十名》）。

在会展业专家看来，2008 年奥运会在北京的举办，如同一针"催化剂"，进一步加速了会展业场馆建设、配套设施、服务水平的各项改造升级。到

2010年，北京大型会展中心遍地开花，顺义"新国展"的风头已经逐渐盖过了"老国展"，位于北五环的北京会议中心、奥林匹克公园边的国家会议中心都在规模体量上再创新高。由于会展业高盈利、高附加值的行业特点可以实现巨大的带动效应，因此业内对这一比例的估算大约在1∶10。也就是说，按当下本市会展业全年直接创收约150亿元的规模保守计算，间接创造价值便达到1500亿元之多，其"隐形"贡献不可小觑。而会展业对于北京的意义远远不止"印钞机"那么简单。大型展会不仅是展示最新技术和发布最热门产品的理想平台，也是传播新视角、新导向的"风向标"。一系列新能源、低碳、环保、绿色高科技展会纷纷"扎堆"北京，正是和首都的产业发展方向息息相关（2010年4月10日《北京日报》1版，《会展业成为北京经济增长强力新引擎》）。

据《北京日报》2011年11月29日3版《北京国际会议数量居大陆城市之首》报道，2010年，北京会展业收入达172.5亿元，比上年强劲增长31.8%，其中国际展览项目贡献度超过四分之一。北京会展经济达到历史最好水平，无论在国内还是国际，北京都已成为名副其实的"会都"。

2012年5月，中国（北京）国际服务贸易交易会（简称京交会）在京隆重开幕，"南有广交会，北有京交会"的格局就此形成。作为全球唯一覆盖服务贸易全部领域的综合交易会，首届京交会在短短5天会期内便签订项目458个，成交总额突破600亿美元。2020年，中国国际服务贸易交易会的简称由"京交会"更名为"服贸会"，同中国进出口商品交易会（广交会）、中国国际进口博览会（进博会）一起，成为中国对外开放的三大展会平台。

近年来，随着移动互联网发展，线上线下融合办展成为热词，而北京会展正是这一升级的鲜明注脚。"云上服贸会"是2020年服贸会的特色之一。随着服贸会数字平台官方网站和App浏览量以及活跃用户攀升，线上展馆成为整个展会的重要组成部分，主办方还为展商提供线上看馆、线上预订等服务，这在过去也是从未有过的；线下场馆则推出自助寻车、铺设场馆导航服务信息点等创新服务，这种"会展＋互联网"的跨界融合，让展会服务更加高效便捷。中国会展经济研究会常务副会长储祥银认为，通过科技手段增加线上服务，无疑是对实体展会的有效补充，可以说提供了一种增值服务，"拥抱互联网，线上线下融合将是未来会展业发展的方向之一。如果能够探索出好的商业模式，会展业将会有一个飞跃"（2020年9月30日《北京日报》2版，《京城会展经济强势重启》）。

2023年2月，北京开年首场重量级展会——ISPO Beijing2023亚洲运动用品与时尚展在国家会议中心拉开大幕。自2005年进入中国，尤其是自2011年选址国家会议中心以来，这场大展连年举办，在行业中有着举足轻重的地位。但是近几年由于疫情影响，展会被迫按下暂停键。时隔4年，这一行业大展在京重启，这是京城会展重振的风向标，也是整座城市经济复苏的风向标（2023年2月10日《北京日报》1版，《京城会展释放复苏强音》）。

京城会展的强势复苏，释放出经济复苏、市场回暖的重要信号。这个春天，是展会的春天。

（供稿：李思源，原载于《北京日报》2023年4月13日，原文标题"展会的春天"）

北京冬奥会推动国家形象建设及
国际传播的经验和启示

2022 年 2 月 4 日至 3 月 13 日，北京冬奥会和冬残奥会（以下简作北京冬奥会）在北京成功举行。北京冬奥会是在中国迈向第二个百年奋斗目标的关键时期举办的重大标志性活动，意义十分深远。在北京冬奥会的筹办和举办过程中，党中央、国务院着眼于国家形象建设和国际传播，通过精准的愿景设计和完美的运行实践，一方面积极响应并践行奥林匹克宗旨，推动国际奥林匹克运动实现了新的发展；另一方面，立足两个大局，将奥林匹克宗旨同"共商、共建、共享"全球治理观相结合，丰富发展了奥林匹克价值观，有力推进了人类命运共同体的理念传播和建设实践。精准的顶层设计和精彩的奥运实践，共同构建起完美的国家形象传播，收到了圆满的效果。在此过程中，北京作为"双奥之城"，以出色的赛会组织和运行，再次向全世界呈现了一届无与伦比的奥运会，有力配合了国家形象建设和国际传播，积累了难得的举办超大型国际性重大活动的经验。从会展活动的专业角度观察，北京 2022 年冬奥会的诸多经验与启示值得深入总结和汲取。

一、北京冬奥会愿景和主题口号的战略谋划

（一）北京冬奥会愿景和主题口号策划的逻辑起点

奥运会是迄今全球最大规模的综合性体育赛事，举世关注、万众瞩目，因而具有特别重要的国家形象建设和国际传播意义。从历史维度看，北京 2022 年冬奥会是在世界百年未有之大变局叠加新冠世纪疫情背景下举办的，风险挑战之大前所未有。因此统筹谋划北京冬奥会的目标和愿景，并为中

国和世界留下长久的奥运遗产，成为事关奥运全局的战略选择。

中国人对奥运会的梦想与追求始于一百年前的三个著名历史追问：中国人何时能派运动员参加奥运会？中国运动员何时能获得一块奥运会奖牌？中国何时能举办一届奥运会？时间走过百年，正是执着上述奥林匹克愿景，中国经过几代人的努力，在2008年终于以一届"真正无与伦比"的奥运会（时任国际奥委会主席罗格评价）圆梦北京。2022年，冬奥会再次在中国举办，在世界经历百年未有之大变局的背景下，北京冬奥会将如何推动国际奥林匹克运动价值观丰富发展，从而服务于中华民族伟大复兴的战略全局？这是亟待本届冬奥会回答的又一个奥运历史追问。正是这一新的历史追问，成为国人思考北京冬奥会愿景和主题口号乃至国家形象传播战略的逻辑起点。

（二）考量北京冬奥会愿景的三个维度

北京冬奥会是在国际格局加速演变、国家发展任务异常艰巨、国际奥林匹克运动面临前所未有挑战的背景下举行的。

首先，从全球维度看，百年大疫（新冠疫情）和百年变局叠加共振，深刻改变世界。我国赖以发展的外部环境明显恶化，具体体现在：全球陷入自20世纪30年代以来最严重的公共健康危机和经济衰退；地缘政治冲突加剧，以美国为代表的西方国家推行"价值观外交"，不惜挑起"新冷战"，上演对北京冬奥会的"外交抵制"闹剧；多边主义遭遇逆流，全球治理体系和国际秩序面临前所未有的矛盾和挑战。

其次，从历史维度看，我国处于实现中华民族伟大复兴关键时期，形势环境变化之快、改革发展稳定任务之重、矛盾风险挑战之多、对我们党治国理政考验之大，前所未有。

再次，从专业（奥运）维度看，新冠疫情也给国际奥林匹克运动带来深刻的影响。在当代奥林匹克运动史上，国际奥委会首次艰难做出了东京2020年奥运会延期的决定，凸显了奥林匹克运动遭受史无前例的挫折和挑战[1]。

---

[1] IOC President Bach writes to Olympic Movement: Olympism and Corona – Olympic News (olympics.com)

在上述背景下，北京冬奥会注定不仅是一场综合性的国际体育赛事，更是国际经济、文化，乃至地缘政治、外交综合博弈的舞台；不仅是我展示国家形象的窗口，更面临着来自公共健康、安全等诸多方面的风险和挑战。因此有必要以更宽广的国际视野和更深邃的历史洞察来考量北京冬奥会的使命、愿景，着眼于"两个大局"，以推动国家发展和国际传播为目标，谋划制定相应策略，争取为中国和世界留下丰富、持久的奥运历史遗产。

（三）关于北京冬奥会愿景的调研与研判

2020年11月24日，国务院参事室组成课题组赴北京冬奥组委就北京冬奥会愿景和遗产设计进行专题调研。调研发现，相对于冬奥会各项运行筹备工作顺利推进的现状，北京冬奥会对愿景的战略谋划明显滞后，愿景定位有待明确，愿景内涵和理念有待系统阐述。

与此同时，课题组研究发现，自2020年起，为应对疫情对于国际奥林匹克运动的冲击和挑战，国际奥委会着手对奥林匹克价值观进行反思和调整，"更团结"的理念成为改革的主题词。其中，一个标志性的动向是：国际奥委会主席巴赫有感于新冠疫情对奥林匹克运动的深刻影响，在2020年4月29日发表致奥林匹克大家庭的公开信，指出面对当今世界不断抬头的民族主义、保护主义和政治冲突，奥林匹克运动"有必要进一步强调团结、和平、彼此尊重和恪守体育规则的奥林匹克价值观"，"有必要强化体育在促进社会融合和包容发展方面的积极作用"[1]。

经过综合研究，调研组做出两项关键性研判：

第一，北京冬奥会亟待明确并宣示其宗旨和愿景。每一届奥运会都被赋予了崇高的愿景（Vision），愿景体现着一届奥运会的宗旨、目标和办会理念，表达着主办国、主办城市对奥林匹克运动的独到的理解，寄托着主办方民众的热切希望，也反映着国际社会的殷殷期盼。回顾历史，北京2008年奥运会以"同一个世界，同一个梦想"（One World One Dream）为愿景，生动诠释了一个开放的中国拥抱世界和一个多元的世界欢迎中国的时代特

---

[1]　IOC President Bach writes to Olympic Movement: Olympism and Corona.IOC President Bach writes to Olympic Movement: Olympism and Corona – Olympic News (olympics.com)

征。2008 年北京奥运会是中国成功融入世界的标志，其理念和愿景得到世界的广泛认同，为中国后续十余年的快速发展和持续开放奠定了良好的国际环境基础。

第二，北京冬奥会亟待设计新的主题口号，以强化对其愿景的宣示和传播。就一届奥运会而言，对其愿景的最凝练表达莫过于它的主题口号。设计并发布主题口号是历届奥运会的规定动作。主题口号是奥运会的重要标志之一，是奥林匹克精神的高度概括，也是主办国、主办城市的独特文化和精神风貌的生动体现。口号以最为简洁、生动、明了的方式对奥运会愿景进行归纳和总结，是奥运会组委会用以推广其理念、宗旨和愿景的最生动有效的载体。历届奥运会组委会都高度重视口号的设计，并致力于将其打造为国家文化和奥运理念传播的载体。考虑到东京奥运会延迟举行，北京冬奥周期相对短暂。

（四）北京冬奥会愿景和口号的提出与确定

2021 年 1 月 18 日，在前期调研的基础上，国务院参事室课题组就北京冬奥会愿景和口号向国务院呈报《关于以构建人类命运共同体的理念擘画北京 2022 年冬奥会愿景和遗产的建议》（《国参阅件》2021 年第六期总第 383 期）。建议主要内容包括：第一，须从"两个大局"的角度，以人类命运共同体理念为指导，擘画北京奥运会愿景及遗产，加强顶层设计，明确奥运愿景。第二，着眼于人类命运共同体理念同奥林匹克价值观相互契合，北京 2022 年冬奥会应以推动构建人类命运共同体为终极目标和愿景，其核心理念是"团结"，价值观基础是奥林匹克精神和"共商、共建、共享"全球治理观，二者统一于构建人类命运共同体目标。第三，北京冬奥会申办口号"纯洁的冰雪，激情的约会"内容失之于空泛浅显、缺乏厚度，不足以承载北京冬奥会丰富的愿景和理念，应予弃用。建议采用 Together for a Shared Future（中文建议为"团结共享未来"）作为北京冬奥会的口号。

课题组并在建议中对口号的创意思路做了阐释说明。口号 Together for a Shared Future 创意的理念来源包括两方面：其一是国际奥林匹克运动的价值观，提取了国际奥委会所强调的"Together"（团结）的理念（后来被确定为对奥林匹克格言的最新补充和完善内容）。其二是人类命运共同体的理念。鉴于我国对人类命运共同体的官方英文翻译为 a community with a shared future，口号创意提取了 a shared future 这个概念。两者结合，便形成了口号的英文表述，即 Together for a Shared Future，初期建议的中文表述是"团结共享未来"，最终修改确定成为"一起向未来"。可见，这个口号无论从底层理念还是外在表达形式上，都完美地体现了奥林匹克价值观和人类命运共同体的理念的结合，可以说是珠联璧合，非常完美。

上述建议很快获得国务院韩正、王毅、孙春兰、肖捷等领导同志的重视和批示，后转至国家体育总局和北京冬奥组委研究落实。

2021 年 3 月 10 日，托马斯·巴赫再次当选国际奥委会主席，他在发表连任感言时，首次正式提请国际奥林匹克大家庭就修订奥林匹克格言开展讨论，并明确提议增加"更团结"的理念，称只有"更团结"才能实现"更快更高更强"的目标。① 次日（2021 年 3 月 11 日），课题组致信北京冬奥组委，强调国际奥委会最新理念宣示与前述报呈国务院的建议中所提出的"团结共享未来"的北京冬奥口号建议高度契合，也印证了建议对国际奥委会理念调整的准确研判。北京冬奥会的口号、愿景和遗产亟待与国际奥委会的愿景同步互动，提升到新的高度。上述信函得到北京奥组委的积极回应。

课题组的建议经国务院领导批示后得到北京冬奥组委及有关部门的高度重视。在此过程中，课题组观察到，在上述建议的推动下，奥运愿景得以明确。此后，愿景转化为国家方针政策及奥运会实践的进程明显加快，

---

① https://olympics.com/ioc/news/thomas-bach-re-elected-as-ioc-president-for-second-term Thomas Bach re-elected as IOC President for second term10 Mar 2021
In his acceptance speech addressing the IOC Members, President Bach said: "In the meantime, you know me well enough that I would also like to look forward and continue to achieve ambitious goals with you also in the post-coronavirus world. We learned during this coronavirus crisis, the hard way, that we can live up to our Olympic slogan 'faster, higher, stronger', in sport and in life, only if we are working together in solidarity. Therefore, I would today like to inspire a discussion – a discussion with you and everybody interested in the Olympic community – on whether we should not complement this slogan by adding, after a hyphen, the word 'together': 'Faster, higher, stronger – together'. This could be – from my point of view – a strong commitment to our core value of solidarity, and an appropriate and a humble adaptation to the challenges of this new world."

相关政策立场宣示渐趋明朗，各项措施落实转化的路径十分清晰。一个显著的变化是：此前酝酿长达一年之久的冬奥会主题口号遴选工作，由于愿景理念的明确，得以顺利重启。

2021年7月20日，国际奥委会在日本东京召开第138次全会，正式做出决议，将"更团结（Together）"加入奥林匹克格言中。奥林匹克格言从此变为"更快、更高、更强、更团结（Faster, Higher, Stronger, Together）"。这是现代奥林匹克运动诞生百年以来，奥林匹克格言首次修订，标志着奥林匹克理念和价值观实现重大的调整。

2021年9月，经过多轮评审、听取有关方面和专家意见，并同国际奥委会、国际残奥委会取得一致后，北京冬奥组委最终决定将"一起向未来"（Together for a Shared Future）确定为北京冬奥会、冬残奥会主题口号。2021年9月17日（下午），北京2022年冬奥会和冬残奥会主题口号"一起向未来"（Together for a Shared Future）正式对外发布。

（五）北京冬奥会愿景和口号的落实和实践

冬奥口号发布后，国务院参事室课题组的工作重心随之转向致力于多渠道推动有关冬奥愿景付诸奥运实践。

2022年1月21日，冬奥会开幕在即，国务院参事室课题组向中办、国办上报《关于争取国际奥委会对北京冬奥会做出积极准确评价的建议》（载《国务院参事室信息》2022年第11期），获两办高度重视，被及时送达国家最高领导人，相关建议被采纳。该文建议"应重视从统筹'两个大局'的高度和视野，着眼于人类命运共同体理念同奥林匹克价值观的内在联系，诠释北京2022年冬奥会的愿景"。强调"一起向未来"的口号既是对"和平、团结、尊重与合作"奥林匹克价值观的传承和弘扬，又是对"共商、共建、共享"全球治理观的践行与坚持，是北京冬奥会对国际奥林匹克运动理念层面的特别贡献。建议在奥运会期间我国领导人所做的主旨性讲话中，对北京冬奥会愿景做出清晰明确的宣示和阐述，为国际社会评价北京冬奥会定下基调。

2022年1月25日，国家主席习近平会见国际奥委会主席托马斯·巴赫，首次从构建人类命运共同体高度正面阐述北京冬奥会愿景和口号，明确指出，"奥林匹克运动倡导的'更团结'正是当今时代最需要的，所以我们提出了'一起向未来'的北京冬奥会口号。中方将为奥林匹克运动和推动构建人类命运共同体作出新的更大贡献"①。

2022年2月5日，国家主席习近平在北京2022年冬奥会欢迎晚宴致辞，从奥林匹克运动宗旨和构建人类命运共同体理念相契合的角度，全面阐述北京冬奥会愿景；从推动全球治理的高度，全面阐释"一起向未来"的深刻内涵②：

自古以来，奥林匹克运动承载着人类对和平、团结、进步的美好追求。

——我们应该牢记奥林匹克运动初心，共同维护世界和平。奥林匹克运动为和平而生，因和平而兴。去年12月，联合国大会协商一致通过奥林匹克休战决议，呼吁通过体育促进和平，代表了国际社会的共同心声。要坚持相互尊重、平等相待、对话协商，努力化解分歧，消弭冲突，共同建设一个持久和平的世界。

——我们应该弘扬奥林匹克运动精神，团结应对国际社会共同挑战。新冠疫情仍在肆虐，气候变化、恐怖主义等全球性问题层出不穷。国际社会应当"更团结"。各国唯有团结合作，一起向未来，才能有效加以应对。要践行真正的多边主义，维护以联合国为核心的国际体系，维护以国际法为基础的国际秩序，共同建设和谐合作的国际大家庭。

——我们应该践行奥林匹克运动宗旨，持续推动人类进步事业。奥林匹克运动的目标是实现人的全面发展。要顺应时代潮流，坚守和平、发展、公平、正义、民主、自由的全人类共同价值，促进不同文明交流互鉴，共同构建人类命运共同体。

2022年4月8日，习近平主席在北京冬奥会、冬残奥会总结表彰大会上发表重要讲话，再次强调"一起向未来"的时代意义，指出北京冬奥会、冬残奥会的成功举办，促进了不同文明交流互鉴，为推动全球团结合作、共克时艰发挥了重要作用，也为动荡不安的世界带来了信心和希望，向世界发出了"一起向未来"的时代强音！"③

---

①　习近平会见国际奥委会主席巴赫 _ 滚动新闻 _ 中国政府网 (www.gov.cn)

②　习近平在北京2022年冬奥会欢迎宴会上的致辞（全文）– 新华网 (news.cn)

③　习近平：在北京冬奥会、冬残奥会总结表彰大会上的讲话 _ 滚动新闻 _ 中国政府网 (www.gov.cn)

我国领导人的上述宣示标志着北京冬奥会愿景和理念正式转化为国家全球治理政策，落实为奥运实践。

二、北京冬奥会国家形象建设与国际传播的历史经验

北京冬奥会之所以在国家形象建设和国际传播方面取得成功，根本性的经验归结为一条：就是着眼大局，谋深虑远，将筹办举办北京冬奥会作为"国之大者"，坚持以构建人类命运共同体理念擘画冬奥会愿景，指导冬奥会实践。具体而言，有几个方面的经验值得汲取：

（一）坚持统筹"两个大局"来思考谋划北京冬奥会愿景和历史遗产

北京冬奥会是在世界百年变局加速演进、新冠疫情深刻改变世界、国际奥林匹克运动遭受前所未有的挫折和挑战的背景下举办的，因而注定不仅是一场综合性的国际体育赛事，更是国际政治、外交综合博弈的舞台。党中央审时度势，立足破解外部变局和推进民族复兴伟业两个大局，以宽广的国际视野和深邃的历史洞察，准确把握北京冬奥会的使命、愿景，谋划制定相应策略，并善加运筹，为中国和世界留下了丰富、持久的奥运历史遗产。

（二）坚持以人类命运共同体理念指导擘画北京冬奥会愿景

国际奥林匹克运动自诞生至今历经百年，始终秉持"卓越、友谊、尊重、和平、团结"的价值观。中国一贯认同奥林匹克价值观，并将其视为人类共同价值的重要内涵而加以弘扬和践行。在全球治理领域，中国主张构建人类命运共同体，这些主张同前述国际奥林匹克运动的理念和价值十分契合。正是着眼于人类命运共同体理念同奥林匹克精神在价值观上得契合，北京 2022 年冬奥会确定以推动构建人类命运共同体为终极目标和愿景。这一愿景丰富发展了奥林匹克价值观，形成了北京冬奥对国际奥林匹克运动的长久遗产。

（三）坚持以人类命运共同体理念指导北京冬奥会实践

北京冬奥会系统地将愿景转化为国家政策、转化为奥运实践和转化为奥运遗产，完成了落实愿景的最佳实践。作为践行冬奥会理念的具体成果，"一起向未来"的口号准确诠释了北京冬奥会的愿景，有力推动了奥运目标的实现，体现着人类命运共同体理论对奥林匹克价值观的丰富发展，是北京冬奥会留给国际奥林匹克运动长久的精神遗产。

（四）坚持以冬奥愿景推动国家形象建设和全球治理

一是奥运会宗旨维度。北京冬奥会明确宣示，冬奥会的终极愿景，是通过践行奥林匹克精神，弘扬人类共同价值，促进不同文明交流互鉴，共同构建人类命运共同体。二是全球治理维度。强调奥林匹克宗旨同构建人类命运共同体理念相互契合相互促进，倡导国际社会践行奥林匹克运动宗旨，超越分歧，团结应对共同挑战。三是国际奥林匹克运动维度。强调中国坚定支持和弘扬奥林匹克价值观，致力于推动国际奥林匹克运动发展，支持国际奥委会在全球治理中发挥积极的作用。

（五）坚持以冬奥愿景推动国际传播

北京冬奥会国家形象建设的成功离不开精准有效的国际传播运作。而实现国家形象由顶层设计转化为国际传播效果的关键，准确归纳提炼出既承载奥林匹克价值、又凸显中国全球治理观的北京冬奥会主题口号，并由此展开富有成效的国际传播。主题口号是奥运会愿景和理念最重要的传播载体。实践证明，"一起向未来"的口号完美地诠释了北京冬奥会的愿景和理念，准确表达了国家形象传播的内涵，在国际社会引起强烈的共鸣和反响，收到了完美的国际传播效果。

三、北京冬奥会国家形象构建和国际传播效果

北京冬奥会是一次成功的体育外交实践，它宣示了国家对于全球治理的理念和主张，成功塑造了国家形象，实现了预设的国际传播目标，并在

一系列关键领域形成了重要的外交及社会政治遗产。

（一）北京冬奥会是对人类命运共同体理念的完美实践

北京冬奥会准确诠释和践行了人类命运共同体的目标和愿景。"一起向未来"的口号既是对"和平、团结、尊重与合作"奥林匹克价值观的传承和弘扬，又是对"共商、共建、共享"全球治理观的践行与坚持。"一起向未来"着眼于"团结"和"未来"，表达了中国人民携手全世界爱好和平的人民共赴人类美好明天的憧憬和期盼，在百年变局和世纪疫情之下，传递了人类的信心和希望。"一起向未来"的口号内涵厚重深刻，它是北京冬奥会的愿景，是时代的愿景、全球的愿景，是对中国全球治理理念和主张最集中的概括和表达，是面对百年变局，中国发出的"时代强音"。

（二）北京冬奥会是对奥林匹克精神的完美践行和生动诠释

"双奥之城"北京再次向世界奉献了一届无与伦比的奥运盛会。来自不同国度、不同种族的年轻运动员用他们的拼搏、勇毅、执着和泪水生动诠释了"团结、友谊、追求卓越"的奥林匹克精神。北京冬奥会凸显了国际奥林匹克运希望的愿景，极大地凝聚了奥林匹克运动的内在团结和外在的影响力。

（三）北京冬奥会开启了冬季奥林匹克运动的全新时代

北京冬奥会实现了带动三亿人参加冰雪运动，彻底改写了世界冬季体育运动的版图，为冬季体育事业发展开辟了广阔的机遇和前景，缔造了彪炳奥林匹克史册的宝贵历史遗产。

（四）北京冬奥会出色践行了国际奥林匹克运动"更团结"的价值理念，并将这一理念推向了新的高度

在中国提议和推动下，联合国大会于2021年12月通过了《北京冬奥会奥林匹克休战决议》，将奥林匹克价值观提升到了全球治理的范畴，使之成为国际社会在全球治理方面的理念共识，引领国际奥林匹克运动在推动解决当前全球性危机和挑战方面日益发挥着重要的作用。这是北京冬奥

会留给国际奥林匹克运动最持久的遗产。

四、北京冬奥会国家形象建设及国际传播的启示

（一）必须坚持以习近平中国特色社会主义思想为指针，坚持以人类命运共同体理念来擘画和指导大型标志性活动的外交实践

北京冬奥会最重要的启示，就是坚持从统筹"两个大局"的视角思考谋划北京冬奥会的战略目标，坚持以人类命运共同体理念指导擘画北京冬奥会愿景，坚持以共商共建共享和更团结的理念指导北京冬奥会实践。

（二）必须加强顶层设计和战略谋划

北京冬奥会坚持系统思维强化顶层设计，以推动构建人类命运共同体为目标，科学统筹奥运会愿景设计、国家形象构建、主题口号确定，以及奥运实践、国际传播、遗产规划等各个环节，凸显出理念政策对实践的指导作用，收到了完美的效果。

（三）必须强化服务国家发展意识

北京冬奥会从三个维度聚焦并推进了国家发展目标的实现。一是推动应对世界百年变局的挑战。高举奥林匹克的旗帜，联手国际奥委会和世界和平与发展的力量，推动践行共商、共建、共享和更团结的全球治理观，凝聚最广泛的国际共识，积极对冲外部变局不利影响，妥善破解西方对北京冬奥会实施的所谓外交抵制图谋，化解北京奥运会外部安全和地缘政治风险，为国家持续发展进程赢得了有利的外部条件。二是推动中华民族复兴伟业的实现。在"两个百年"历史交汇的关键时间点上，对外彰显中国的文化优势和制度优势，对内汇聚起实现中华民族伟大复兴的强大力量。三是推动国际奥林匹克运动发展。在世界上人口最多的国度，促进了奥运价值的传播和奥运实践的普及，实现了中国对奥林匹克价值观的丰富和发展，为国际奥林匹克运动留下了丰富而长久的遗产。

（四）必须统筹国家形象构建和国际传播

第一，坚持国家形象建设与国际传播并重，统筹谋划，统筹实施。第二，国家形象构建和国际传播必须坚持理念先行，以理念为基础，构建系统的传播内容体系，突出彰显理论和价值观的引领作用。第三，坚持实践与传播并重，以最佳实践创造传播案例，以理念的最新实践成果，推动理念传播深入人心。

五、北京冬奥会成功的国际传播对会展活动的启迪

（一）重视对大型活动传播功能和传播目标的策划

任何大型活动，尤其是具有国际性质的大型活动，都具有很强的传播功能和属性，承载着重要的政治文化愿景或者商业追求，被赋予了明确的传播目标和任务，反映着活动主办方举办活动的初衷。因此，对于大型会展活动的举办方而言，明确活动的传播功能和传播目标是活动策划的重要环节，事关会展活动总体目标的实现。

（二）愿景定位决定会展活动的内容创意、议题设置和组织形式

愿景体现了举办方对活动的期待和追求及其赋予活动的使命和价值理念。愿景决定了活动的目标、宗旨和实现的方式。愿景也是活动创意的基础、核心和前提；决定着活动的主题设计和传播议程，是贯穿活动创意的主线和指导思想。

（三）成功的愿景设计——定位要高，创意要新

所谓定位要高，是指愿景设计宜高屋建瓴，取乎其上，做好顶层设计。愿景的确定应着眼于战略谋划，视野开阔，既要有高度，又要有深度，也要有广度。从冬奥的经验看，好的顶层设计要求：第一，要打开格局，善于从历史的维度、全球的维度、价值观的维度、专业的维度去观察问题，以发展的眼光、国际的视野、道义的高度和科学的态度去思考问题的解决方法。第二，要有价值观和理念作为支撑和引领，用先进的思想和观念凝

聚共识。第三，要有发展思维，兼具前瞻性、包容性、可持续性，着眼于留下积极持久的遗产，产生长远的影响。

所谓创意要新，指的是愿景的创意应兼具多角度、宽视野、统筹思维、平衡适度、突出新意。在创意思路上，要突出综合思维，做到统筹兼顾，平衡适度，赋予愿景丰富充实的内涵。好的愿景设计应做到：一要满足主办方的目标、宗旨、理念、价值观。二要顺应时代的价值取向：倡导开放、包容、可持续发展、绿色低碳、社会责任的理念；追求积极、有品位生活方式等。三要符合政府倡导的政策乃至导向，比如，一带一路、区域协同发展、生态文明、构建人类命运共同体、全球发展倡议、推动中国文化国际传播等。四要体现技术革命的发展方向：以创新技术应用的方式，设计活动的内容和形式。五要彰显地域特色：努力发掘地方文化底蕴，赋予活动特色鲜明的文化内涵，创造属于活动自身的 IP 品牌。六要突出专业特色：明确定位活动的专业性质和地位，打造有别于其他同类专业活动的特色，形成活动独特的专业定位和属性。

（供稿：孙维佳 法学博士、国务院参事室特约研究员、北京第二外国语学院国别与区域学院特聘院长）

第三部分　重点项目篇

2023 中国国际服务贸易交易会

在经济全球化的潮流中，服务业已经成为世界经济的重要驱动力，贡献了全球生产总值的 65%，发展中国家 2/3 的就业和发达国家 4/5 的就业均来自服务业。服务贸易是国际贸易中最具活力的重要组成部分，也是全球化的重要动力。中国服务贸易保持快速增长，显示了强大韧性，中国服务进出口总额连续 9 年位居全球第二。中国举办中国国际服务贸易交易会（简称服贸会），就是要同各方共享服务贸易发展机遇，为增进全球贸易往来作出新贡献，为促进世界经济复苏注入新动能。

服贸会由商务部和北京市人民政府共同主办，是专门为服务贸易搭建的国家级、国际性、综合型大规模展会和交易平台。服贸会及其前身京交会累计共吸引 197 个国家和地区的 90 余万展客商、800 余家境外商协会和机构参展参会、洽商合作。2020 年提质升级以来，服贸会再上新台阶，发展成为全球服务贸易领域规模最大的综合性展会、全球服务的国际公共产品。

一、基本情况

2023 年服贸会于 9 月 2 日至 9 月 6 日在北京成功举办。本届服贸会围绕"开放引领发展，合作共赢未来"年度主题，举办 10 场高峰论坛、102 场专题论坛、90 场推介洽谈和边会活动，展览规模 15.5 万平方米，2400 余家企业线下参展，6700 余家企业线上参展，近 30 万人参展参会，达成各类成果超过 1100 项，国际参与度更广、权威引领性更高、观众互动性更强，展会成果惠及全球。

全球服务贸易峰会期间，习近平主席向大会发表重要视频致辞，深刻阐释全球服务贸易的发展形势，指出服贸会将持续发挥扩大开放、深化合作、引领创新的重要平台作用，为全球服务业和服务贸易的发展凝聚共识、增强信心、汇聚合力，宣布打造更加开放包容的发展环境、拉紧互利共赢的合作纽带、强化创新驱动的发展路径、共享中国式现代化建设成果等四方面高水平开放重大举措，强调中国愿同各国各方一道，以服务开放推动包容发展，以服务合作促进联动融通，以服务创新培育发展动能，以服务共享创造美好未来，充分彰显了我国持续扩大开放、加强国际合作，与世界各国共赢未来的坚定决心。国务院副总理何立峰宣布开幕。贝宁总统塔隆线下出席并致辞，世界贸易组织总干事伊维拉、联合国贸易和发展会议秘书长格林斯潘、经济合作与发展组织秘书长科尔曼以视频方式致辞，表达了推动全球开放发展、合作共赢的强烈意愿。来自 42 个国家和地区的部长级嘉宾和代表、有关国家驻华使节、国际组织代表线下出席，近 800 人现场参会，300 人线上参会。

二、主要特点

（一）国际参与度进一步提升

83 个国家和国际组织设展办会，比上届增加 12 个，其中 8 个国家和国际组织首次设展。主宾国英国组建了参展以来最大规模展团，参展企业达 60 余家，通过参加展览展示、论坛会议、洽谈交易、成果发布等多项活动，在创意、教育和技能、医疗保健、科技和体育经济等领域达成了一系列签约和交易成果。

（二）办会参会规格进一步提高

在 200 余场会议活动中，66 场由国际组织、驻华使馆、境外机构及国家相关部委举办，83 位境内外部长级及以上嘉宾、57 位中外院士及诺奖获得者、125 位世界 500 强及跨国公司高管等 340 余位境内外嘉宾参会，成功举办联合国《北京船舶司法出售公约》签约仪式，34 个国家和地区的代表团参加签约仪式，15 个国家和地区成为首批签约方，填补了船舶司法出售国际效力方面的规则空白。

（三）展会交易功能进一步凸显

2023 年服贸会继续组建中央企业交易团、中央金融企业交易团以及 37 个省、自治区、直辖市及计划单列市组成的地方交易团参展参会，与参会客商达成更多务实成果。2023 年服贸会进一步加强贸易投资项目合作，主宾省贵州与主宾国英国以"'英超'与'村超'联合"为主题举办活动，签署有关联赛的战略合作协议，开拓了体育文旅产业发展新空间。本次服贸会还尝试了线上交易和线下贸易融合的新做法。部分国家的参展参会企业通过短视频平台直播带货，推介优质商品和产业，拓展新市场。挪威驻华大使馆和服贸会合作，在国别展区搭建了直播间，通过央广购物抖音直播号，向服贸会参展参会方介绍了北欧风格的特色产品和服务。此外，还有部分国家通过服贸会设立了京东国家馆，使本国产品得到热销，进一步打开了中国市场。

（四）舆论氛围浓厚热烈

近 2600 名记者参与报道，规模创历史新高，服贸会相关报道 40 余万篇。美联社、彭博社、雅虎财经、朝日新闻、韩联社、澳联社等知名媒体广泛报道 2023 年服贸会情况。各平台积极推动本届展会有关内容。2023 年，服贸会脸谱帖文累计阅读量近 4132 万人次，互动量近 10 万次。

2023 中关村论坛

中关村论坛作为面向全球科技创新交流合作的国家级平台，同时亦为具有全球影响力、开放性和综合性的高端科技创新国际论坛，自 2007 年起，以"创新与发展"为永久主题，持续推动中国科技创新发展，为全球科技创新作出贡献。2023 中关村论坛以"开放合作·共享未来"为主题，围绕数字经济、人工智能、生命健康、碳达峰碳中和、未来产业等科技前沿和热点议题，邀请全球知名专家学者、企业家、学术组织代表线上线下相聚，交流思想观点，共商创新大计。

一、基本情况

2023 中关村论坛于 2023 年 5 月 25 日至 30 日在北京举行。来自 86 个国家和地区的嘉宾，以线上线下方式深入交流，同期设置论坛会议、展览展示、技术交易、成果发布、前沿大赛以及配套活动六大板块，共举办 150 余场活动，1160 余名嘉宾发表演讲，签约项目共计 129 项，签约金额超过 810 亿元。本届论坛是一次高规格、高层次、高水平的论坛，凸显了国际化、前沿性、全方位的鲜明特点。

（一）论坛会议

党中央高度重视 2023 中关村论坛，国家主席习近平向论坛致贺信；中共中央政治局常委、国务院副总理丁薛祥出席开幕式并致辞。科技部、国家发展改革委、工业和信息化部、国务院国资委、中科院、工程院、中国科协在内的 20 余个国家部委大力支持，面向国家需求、围绕科技热点，举办开幕式、全体会议、投资北京全球峰会和 55 场平行论坛，并在法国、白俄罗斯举办了 2 场海外平行论坛。本届论坛有 50 余名外籍专家学者发表主旨演讲，包括 16 位诺贝尔奖、菲尔兹奖、图灵奖获得者，美国、英国等 5 个国家工程院院长及非洲科学院院长等外籍院士；平行论坛 560 名演讲嘉宾中，外籍嘉宾占比超四成。200 余家外国组织和机构参与论坛各项活动，19 家外国政府部门、国际组织与机构举办 13 场平行论坛。论坛期间为 49 家外资研发中心授牌，宣布 5 个国际科技组织落地。论坛已成为链接全球智慧的科创"会客厅"[①]。

（二）展览展示

设置前沿科技和未来产业、信息科技和智能制造、医药健康、绿色双碳、数字经济以及区域创新合作等 6 大展区，总面积 2.7 万平方米，展期 5 天。吸引 70 余家央企矩阵、30 余家科技领军企业、20 余家高校院所及新型研发机构，安徽、湖南、陕西、武汉、成都等 30 多个省、自治区、直辖市与计划单列市参展参会。23 个国家和地区的 165 家外资企业和机构参展，其中世界 500 强企业 25 家。展会现场共接待各界观众近 8 万人次，接待专业观众团组 40 余批次。吸引中央和各省、自治区、直辖市 160 余家媒体探馆报道，仅央视新闻各合作平台新媒体直播累计观看量就超 300 万人次，并登上微博热搜总榜第三名。8 场推介交易活动着眼搭平台、促合作，围绕数字经济、人工智能和科技金融等主题，集中推介项目 40 余个，吸引 1000 余人次线下参会，98 万余人次在线观看[②]。

（三）技术交易

2023 中关村国际技术交易大会采取"1+5+N"模式共举办 26 场主题活动，来自全球 28 个国家和地区的 141 位外籍嘉宾、3000 余家创新主体参与大会，汇聚全球 7000 余项高质量科技成果和技术需求，持续建设具有全球影响力的科技成果转化和技术交易高地，构建全球技术交易生态网络，打造"全球买、全球卖"的技术交易盛会。

---

① 《2023 年中关村论坛主会期闭幕，取得了这些成效！》https://mp.weixin.qq.com/s/N0uyVlgYObCkkqrchCjRKA

② 《聚焦科技创新，2023 年中关村论坛展览（科博会）圆满落幕》https://mp.weixin.qq.com/s/JrvOTG7CHM4-mVyn71482Q

大会主要活动包括开幕式暨全球技术交易生态伙伴大会、世界知名高校技术转移发展大会、中关村论坛技术经理人大会、重点国别系列技术交易类活动、新技术新产品首发与推介类活动、国家科技计划成果路演行动中关村专场、大企业数字化转型与生态合作伙伴供需对接活动，以及国际海绵城市发展大会、智慧农业国际合作交流大会等[①]。

大会面向 33 个国家 2880 余家企业机构，征集 3221 项新技术新产品，发布了《百项新技术新产品榜单》，推出了"十大最具影响力新技术新产品"。面向全球 40 个国家征集国内外各类优质项目 3800 个，发布了《百项国际技术交易创新项目榜单》和"十大国际技术创新转移项目"。

（四）成果发布

2023 中关村论坛重大科技成果发布会上，20 项原创性、引领性前沿科技成果及关键核心技术突破性成果以视频、专场发布等形式面向社会发布，包括面向世界科技前沿、面向经济主战场、面向国家重大需求、面向人民生命健康四大板块[②]。

面向世界科技前沿板块的成果发布包括：北京大学硅基光电子集成芯片与多功能系统、中国科学院紫金山天文台 & 中科院国家空间科学中心夸父卫星在轨获得世界一流天基太阳硬 X 射线图像等系列成果、北京智源人工智能研究院通用视觉大模型 SegGPT、中国科学院高能物理研究所高能同步辐射光源直线加速器满能量出束、中关村泛联移动通信技术创新应用研究院下一代云化开放无线网络新型空口试验验证平台。

面向经济主战场板块的成果发布包括：中国建材集团玻璃新材料研究总院 30 微米厚度柔性可折叠玻璃、中国科学院工程热物理研究所先进压缩空气储能技术、中国石化集团公司己内酰胺绿色生产成套新技术、北京亿华通科技股份有限公司 180kW 高效率氢燃料电池发动机系统、中国科学院物理研究所钠离子电池。

面向国家重大需求板块的成果发布包括：中国科学院地质与地球物理

---

① 《2023 中关村国际技术交易大会举行新闻发布会，介绍该板块总体情况》
   https://mp.weixin.qq.com/s/QidhAb_-sXJESA7s5egGKw
② 《中关村论坛发布 20 项重大成果》https://mp.weixin.qq.com/s/uGhJTeUm9I41OmqrTPo_1Q

研究所随钻成像测井仪器及井地数据传输系统、有研亿金新材料有限公司集成电路用 12 英寸高纯钴靶材及阳极、中国华能集团清洁能源技术研究院低温法烟气污染物近零排放控制（COAP）技术、中国农业大学基因编辑新型核酸酶、中核集团核工业西南物理研究院新一代人造太阳。

面向人民生命健康板块的成果发布包括：华科精准（北京）医疗科技有限公司 & 首都医科大学附属北京天坛医院颅内病灶磁共振引导激光消融治疗系统、北京大学深脑成像微型化三光子显微镜、中国兵器工业集团 & 中国移动通信集团 & 中国电子科技集团北斗卫星通信融入大众智能手机及实现产业化项目、赛纳生物科技（北京）有限公司基于国际首创技术的基因测序仪、航天新长征医疗器械（北京）有限公司 & 北京协和医院国产体外膜肺氧合治疗（ECMO）产品。

专项发布包括：海关总署、北京市商务局、海淀区联合发布北京中关村综合保税区正式获批，全国社会保障基金理事会发布设立社保基金中关村自主创新专项基金，北京市科委、中关村管委会发布两项重要政策——《北京市加快建设具有全球影响力的人工智能创新策源地实施方案（2023—2025 年）》和《北京市促进通用人工智能创新发展的若干措施》[1]。

（五）前沿大赛

第六届（2022—2023）中关村国际前沿科技创新大赛以"前沿引领 共创未来"为主题，聚焦人工智能、生物医药、虚拟现实与元宇宙等 15 个领域，征集海内外前沿科技项目 2500 余项，其中创新赛国际项目占比约 30%。与往届相比，本届大赛在高水平、国际化、实效性等方面均有进一步提高，是历年大赛中项目数最多、赛道最广、创新最活跃的一届。

本届大赛国际项目主要来自芬兰、澳大利亚、日本、德国、美国、韩国、英国、加拿大、俄罗斯等 31 个国家和地区。比赛通过官方视频号、抖音、知乎、百度等平台全程直播。40 位高校院所学科带头人、投资机构合伙人、领军企业负责人受邀担任大赛评委。在颁奖典礼上，高瓴创投合伙人李强、北京市神经外科研究所所长江涛、北京与光科技有限公司联合创始人黄志雷

---

① 《中关村论坛发布 20 项重大成果》https://mp.weixin.qq.com/s/uGhJTeUm9I41OmqrTPo_1Q

分别围绕"投资中的全阶段'共创模式'""恶性脑胶质瘤新疗法研发范式""新物理量助力机器学习 – 光谱信息及其应用"等前沿话题作主旨演讲。除项目对决，本次活动还举办了大赛优质企业展，邀请 20 家优胜项目代表集中展示前沿硬科技新技术新产品；举办中关村前沿科技投融资签约仪式，5 家投资机构、4 家银行与 59 家企业进行股权投资和信贷签约，总签约额 9.2亿元。大赛同时发布了中关村科技型小微企业资金支持名单，15 家中关村国际前沿大赛 TOP10 企业，38 家中国创新创业大赛北京赛区优胜企业，共获得千万元科技型小微企业研发支持资金①。

（六）配套活动

围绕前沿技术、产业创新、科技金融、科技文化等内容，举办企业专场、数字文化市集、特色户外科普活动、硬科技嘉年华、城事创新节、"主题灯光秀"等 11 场配套活动。4 场企业专场活动汇集北京电控、北京银行、探路者集团、京东集团等知名企业，通过企业论坛、新品发布会等形式，发布企业科技成果、报告指数、新技术新产品等共计 50 项成果，全景展示科技创新成果及产品对生产生活带来的改变与影响。同时，中关村发展集团在海淀公园百姓周末大舞台打造"中关村数字文化市集"，通过"科技+ 文化"的展示形式，让参会者现场接触前沿科技、感受数字生活的轻松氛围，实现科技创新展示和文化表达的有机融合。市集还联合多家品牌，在现场提供丰富的产品展示及文化表演②。

二、主要成效

一是充分表达了我国扩大开放合作的信心与决心。论坛通过全球科技创新高端智库论坛、科学与外交国际论坛、全球知识产权保护与创新论坛等一系列丰富多彩的高水平活动，促进了国际科技交流合作，展现了我国

---

① 《冠亚季军揭晓！第六届中关村国际前沿科技创新大赛总决赛闭幕》https://mp.weixin.qq.com/s/4uocg7lGyTvXqevEY9AUTg
② 《中关村论坛配套活动展示科技魅力》https://mp.weixin.qq.com/s/xDYlgMpRFPJ_cu–NJkEPew

通过科技创新和开放合作破解全球发展难题的能力与信心，释放了中国坚持多边主义、积极融入全球科技创新网络的强烈信号。

二是围绕全球性议题达成了广泛思想共识与价值认同。围绕气候变化、人类健康、生物多样性、清洁能源利用等全球议题，举办碳达峰碳中和科技、全球数字化应用创新、世界开源创新发展、全球大流行病的应对和国际合作等平行论坛，推动发布了一批宣言倡议，体现了凝聚全球共识、共享发展成果、构建人类命运共同体的共同愿景，携手促进科技创新、推动科技造福各国人民的思想得到广泛认同。

三是有力促进了科技成果互惠共享，为高质量发展注入了动力和活力。论坛期间发布了一批政策举措、研究报告等重大成果。如专项发布的全国社保基金理事会发布设立首期规模50亿元的中关村专项基金、中关村综合保税区正式获批等，进一步打造开放创新国际化生态，为更多科学家、企业家、投资人到北京、到中国创新创业搭建了更加广阔的舞台。

2023 金融街论坛

金融街论坛创办于 2012 年金融街建设 20 周年之际，2020 年起升格为国家级、国际性专业论坛，作为北京市"两区""四平台"之一，是国家开放发展的重要平台，被誉为"中国金融改革发展风向标"。在年会基础上，金融街论坛全年举办分论坛和沙龙活动，形成了"一主 +N 分 + 多沙龙"的框架体系，逐步成长为国家级金融政策宣传权威发布平台、金融与实体经济良性互动平台、中国参与全球金融治理发声平台、国际间金融交流合作平台。

一、基本情况

2023 金融街论坛于 11 月 8 日至 10 日在京成功举办。大会以"更好的中国，更好的世界——加强金融开放合作，促进经济共享共赢"为主题，采取"主论坛 + 平行论坛 + 金融科技大会"的框架，共举办 42 场活动，全球近 500 位嘉宾（含 110 位境外嘉宾）发表演讲或参与讨论，6000 余人次线下参会。

本届论坛年会聚焦六个"更加突出"并实现多个首创。一是更加突出国家金融管理中心的示范引领作用。作为中央金融工作会议后举办的首个国家级、国际性专业论坛，论坛年会展现了我国金融业坚定不移走中国特色金融发展之路，实现我国金融高质量发展的信心和决心，展示了在党中央集中统一领导下，金融系统有力支撑经济社会发展大局的担当作为。二是更加突出国际间金融交流合作。首次在中国香港、迪拜、新加坡同时设置境外分会场，国际化程度进一步提升。三是更加突出金融科技创新发展。国家金融科技风险监控中心首发"银行电子凭证互联互通平台"工具。四是更加突出论坛成果转化落地。举办北交所首个国际投资者推介会，首个在行业领域设立的"全国人大常委会法工委北京金融街服务局基层立法联系点"落地。五是更加突出宣传氛围营造。央视总台在金融街首次常态化设立观察点，新华社首次设置元宇宙会场，丰富线上参会嘉宾体验；首次举办专场文艺演出。六是更加突出提升精细化办会水平。依托北京西城·首都高校发展联盟首次招募培训大学生志愿者，为外籍嘉宾提供一对一接待服务。论坛受到社会广泛关注，160 余家境内外媒体、600 余名记者深度报道，截至论坛闭幕一周时间，全网总信息报道量达 12.3 万条。

二、特色亮点

（一）深入贯彻落实中央金融工作会议精神，围绕践行金融改革发展使命权威发声

2023 年 11 月 8 日，中共北京市委书记尹力在论坛开幕式致辞中指出，北京市将深入贯彻落实中央金融工作会议精神，从加强国家金融管理中心建设、全面提升金融服务质效、积极深化金融改革开放、牢牢守住金融安全底线等方面，加快建设具有首都特点的现代金融体系，营造更加开放有序的金融发展环境。中国人民银行行长、国家外汇管理局局长潘功胜同志表示，货币政策将更加注重跨周期和逆周期调节；保持人民币汇率在合理均衡水平上的基本稳定；积极做好支持地方政府债务风险化解和房地产市场平稳健康发展工作；深化金融供给侧结构性改革；稳步扎实推进人民币国际化。国家金融监督管理总局局长李云泽同志表示，中国经济基本面长期向好，中国银行业发展势头稳健、保险业发展潜力巨大、资产和财富管理行业将进入发展"黄金期"，将着力扩大高水平金融开放，吸引更多外资金融机构和长期资本来华展业兴业。中国证券监督管理委员会主席易会满同志表示，将坚持服务实体经济的根本宗旨，更好发挥资本市场枢纽功能；坚守监管主责主业，守牢风险底线，维护资本市场平稳运行，提振投资者信心，走好中国特色现代资本市场发展之路。新华通讯社社长傅华同志表示，在加快建设金融强国的历史进程中，媒体应当发挥积极作用，将统筹新闻报道和智库研究，与各方共同为开创新时代金融工作新局面贡献新的更大力量。北京市市长殷勇同志表示，未来北京将以更高标准服务国家金融管

理中心功能，以更宽视野谋划金融业开放发展，以更大力度推动金融服务实体经济，以更严要求维护首都金融安全稳定。

（二）立足加快建设金融强国目标任务，深入探讨中国金融发展的时代命题

围绕更好推动金融高质量发展与金融为经济社会发展提供高质量服务等使命任务，各领域专家学者进行了深入交流。聚焦深化金融改革，建议深入开展金融供给侧改革，加快建设现代金融体系，服务经济社会高质量发展，推动股票发行注册制走深走实，提升资本市场服务科技高水平自立自强等国家战略的精准性。聚焦全球市场与金融发展，建议加强国际宏观政策对话协调，提升全球经济金融韧性，深化跨境投资产业合作，共建"一带一路"，吸引境外资本，推动金融业高水平对外开放。聚焦治理体系与金融稳定，举办系统重要性金融机构闭门会，围绕全球金融风险预警防范与处置化解，加强监管创新维护国家金融安全等方面进行交流。聚焦金融服务实体经济，首次高规格举办"企业家圆桌会议"专场活动，发表"共商共享全球化发展机遇北京倡议"，发起设立首席财务官"CFO99 论坛"，促进金融与实体经济良性互动。

（三）促进全球金融经验共享，广泛传递高水平开放合作的信心决心

国际清算银行总裁卡斯滕斯强调，中国近几十年来为全球经济增长提供了动力，在全球监测金融稳定方面发挥着越来越重要的作用。世界银行东亚与太平洋地区副行长曼努埃拉·菲罗、SWIFT 全球首席执行官塔索、汇丰控股集团主席杜嘉祺、凯雷集团联合创始人鲁宾斯坦、诺贝尔经济学奖得主萨金特等重量级嘉宾普遍表示，为应对全球经济多重挑战，各国必须加强多变边合作，为企业创造公平竞争环境和有利的监管环境，共同构建服务实体经济的全球金融体系。中、日、法央行前行长周小川、白川方明、诺亚围绕全球货币和金融体系挑战与机遇进行探讨。金融监管总局国际咨询委员会 2023 年会议首次嵌入论坛活动举行，展示了我国加强金融领域国际合作，稳步扩大金融领域制度型开放的坚定态度。

（四）精心打造北京金融科技周品牌，助力全球金融科技发展新高地建设

同期举办第三届全球金融科技大会暨第五届成方科技论坛。发挥国家金融管理中心促进跨区域合作功能，人民银行与香港金管局、澳门金管局共同签署"粤港澳大湾区金融科技领域合作备忘录"，促进粤港澳数字金融发展。举办国家级金融科技示范区五周年成果展，展示金科新区发展成果、10项全国首创、若干引领项目和示范案例等。第五届成方金融科技主题展展现创新监管工具惠民利企显著成效。数字人民币试点成果展展示数字人民币研发测试最新成果。

（五）发挥论坛年会衍生功能，有效推动多项成果落地转化

论坛首发30余项重要成果，结合社会关注度，评选产生"金融数字化能力成熟度指引""中国金融新发展指数"等十大重磅成果。举行北交所与恒生指数公司《指数编制行情信息使用许可协议》签约活动。完成丝路基金与乌兹别克斯坦工业贸易部共同投资平台谅解备忘录文本交换。开展多样化会外交流活动，北京市领导会见了日本央行前行长、万事达国际联席总裁、东方汇理CEO等。举办9场招商交流活动，推介首都产业政策和高质量发展规划布局。

（六）广泛传播与深度报道并重，显著提升活动宣传力度热度

央视总台量身定制《对话金融街》《金融街会客厅》等栏目开展专题访谈，《新闻联播》播发论坛年会开幕快讯。人民日报、北京日报刊登专版文章，新华社开设"金融街论坛"专栏全媒体多语种传播，中国国际电视台（CGTN）多语种频道联合报道，证券时报等40余家财经专业类媒体深度解读。特稿《金融街论坛：中国金融开放的步伐不会停歇》被75个国家和地区的1237家主流媒体转载。首次发动头部网络平台宣发合作，论坛年会相关话题在抖音、微博浏览量均超1亿人次。

三、经验做法

（一）坚持开门办会，整合资源力量

5 家主办单位以高度的政治责任感和担当精神深度融入筹办全过程。36 家合作承办单位持续共享资源渠道，在主题议题设计、中外籍嘉宾邀请、会议组织执行、宣传报道策划等方面发挥了重要作用。

（二）坚持首善标准，属地全力保障

市、区两级加强联动，搭建多方协调联动的工作平台和机制，以"红墙意识"和首善标准严格落实各项保障任务。论坛年会进一步展现首都优质营商环境，提升北京金融街国家金融管理中心及国家级金融科技示范区国际影响力。

（三）坚持精细服务，升级参会体验

提高科技办会水平，开发数字会议管理系统，运用 AI 实时语音翻译等新技术，应用数字人民币硬钱包等新功能。制定公共卫生安全和应急突发事件处置预案，守牢安全底线。精心组织环境景观布置，开展金融街论坛年会购物节，烘托浓厚盛会氛围。

2023 北京文化论坛

2023 年北京文化论坛于 9 月 14 日至 15 日在京成功举办。本届论坛定位突出，专业性、群众性特色显著，主题鲜明、内容丰富，成果丰硕、影响广泛。

一、主要成果

2023 北京文化论坛以深入学习贯彻习近平总书记关于文化建设的重要论述、全面落实党的二十大关于文化强国建设战略部署、积极践行全球文明倡议为主旨，以"传承·创新·互鉴"为永久主题，以"传承优秀文化 促进交流合作"为年度主题，积极搭建交流合作平台，共同推动文化繁荣进步。习近平总书记高度重视论坛并专门发来贺信，蔡奇同志出席论坛致辞并宣布开幕，多位外国政要、文化领域国际组织负责人发表致辞演讲。本届论坛设置开幕式暨主论坛、五个平行论坛等议程，安排 50 场演讲、对话，129 位文化领域知名人士登台发表真知灼见，组织文艺晚会、剧目展演、惠民消费、大众书市、签约发布等活动，境内外媒体刊发论坛报道 8 万余篇，相关话题阅读量超 25 亿次，为国内外各界文化人士提供了一个深入对话、交流合作的文化平台，为人民群众奉献了一场温润心灵、欢乐祥和的文化节日。

（一）习近平总书记贺信展现文化胸怀、推进文明互鉴，在国内外引发热烈反响

习近平总书记致 2023 北京文化论坛的贺信，深刻阐明中华民族开放包容、兼收并蓄的文化胸怀和中华文明的突出特性，鲜明宣示中国将践行全球文明倡议、加强同全球各地文化交流、共同推动文化繁荣发展的坚定决

心和政策主张，为推动中华文化传承发展、促进世界文明交流互鉴指明了前进方向、提供了根本遵循，是本届论坛最重大的成果。总书记贺信成为与会嘉宾学习研讨的最重要主题，大家深入交流学习贺信的体会和感受，从中汲取智慧和力量，共谋文化发展，共促文明互鉴。中国美术家协会主席范迪安表示，总书记贺信再一次阐述了中华文明的重要特性，让我们更加坚定文化自信。埃及文化部部长纳菲·齐拉尼高度赞赏习近平总书记的倡议，盛赞北京文化论坛是一场精彩纷呈的文化盛会。总书记贺信成为国内舆论关注的焦点，各大主流媒体在重点栏目、重要时段推出时政消息和反响报道，深刻阐述总书记贺信的丰富精神内涵和重大现实意义。习近平向2023年北京文化论坛致贺信的话题持续置顶主要网站平台热榜，引发网民热议，广大文化工作者和干部群众表示将以贺信精神为遵循，赓续传统、开创未来，为推动构建人类命运共同体注入深厚持久的文化力量。总书记贺信成为境外媒体报道的热点，英国广播公司（BBC）以较长时间播报了总书记贺信的主要内容，法国《欧洲时报》、俄塔斯社、纳米比亚通讯社、阿联酋大新闻网等境外媒体聚焦总书记贺信，纷纷推出正面客观报道，文明交流互鉴的中国主张进一步影响世界。

（二）议程设置主题鲜明、主线突出，充分展现总书记思想的真理力量和实践伟力

新时代文化建设取得历史性成就、发生历史性变革，根本在于总书记思想的科学指引。论坛紧紧围绕学习贯彻习近平总书记关于文化建设的重要论述和践行全球文明倡议开展深入研讨，发布实践成果，展示发展成就。论坛研讨形成丰硕成果，凝聚广泛共识。嘉宾紧紧围绕传承优秀文化、促进交流合作主题，聚焦担负起新的文化使命、文化高质量发展、国际文化交流等新时代文化建设重大命题进行深入对话，深刻阐释习近平总书记关于文化建设的新思想新观点新论断，形成一批关乎发展、昭示未来的重大理论成果，进一步凝聚了推动文化传承发展、文明交流互鉴的思想共识。多位国内知名专家学者深入阐释中华文明的突出特性，共同探讨建设中华民族现代文明这一重大课题，深刻揭示坚定文化自信、深植文化根脉对于实现中国式现代化、构建人类命运共同体的深远意义。联合国教科文组织

执行局主席塔玛拉·希亚玛希维利在视频致辞中指出，文化是全球性"共同利益"，造福于民，值得全面关注。希腊文化部副部长赫里斯托斯·季马斯表示，愿与中国一道，深化文化交流，共创美好未来。习近平总书记亲自回信的希腊雅典大学教授维尔维达基斯发表视频演讲，表达了对中希文明互鉴的美好愿景。论坛发布呈现发展成就，坚定文化自信。"全国文化中心建设2022年度十件大事"以年度标志性成果引发社会共鸣，展示习近平总书记关于文化建设重要论述在京华大地的生动实践。《中国广播电视全媒体发展报告（2023）》等9项全国性行业报告和重大政策，深入研判行业发展最新趋势，集中展示在总书记思想指引下新时代文化建设的实践成果。推出4条现场观摩路线，中外嘉宾览阅壮美中轴、泛舟千年运河，打卡城市复兴新地标、体验文化园区新风貌，直观感受北京文化新气象。成就宣传贯穿于论坛筹办全过程，一系列巡礼报道集中呈现了新时代文化建设取得的历史性成就，汇聚起奋进文化强国建设新征程的磅礴力量。

（三）中外嘉宾深入交流、建言献策，形成一批推动新时代文化建设的有效措施

本届论坛邀请海内外知名文化人士650余人。其中，国内嘉宾560余人，包括中央宣传文化单位和各省市宣传文化部门负责人、文化领域资深专家学者、知名作家艺术家、行业领军人物、基层文化工作者等，来自文化领域各条战线，理论功底深厚、实践经验丰富。境外嘉宾88人，来自41个国家和地区，现场参会人数、覆盖国家、涉及领域均创新冠疫情后北京市举办大型活动之最。从文化遗产保护到文化创新发展，从文艺精品创作到文旅深度融合，从文化数字化到文明交流互鉴，中外嘉宾在体验成果中分享经验，在深入对话中集思广益。中外嘉宾有的诠释了大型文化活动、文艺演出的创意思路，有的分享了研究弘扬敦煌文化的经验做法，有的分析了考古学的重要作用和发展方向，有的交流了人工智能大模型的应用实践，有的研判了文旅产业发展的新趋势，有的阐明了电影在促进人文交流方面的独特优势。既有对重点文化领域的新探索，又有对热点文化现象的新思考，形成了一批富有建设性的研讨成果，提出了一批具有针对性的工作举措。

（四）配套活动亮点纷呈、广泛惠民，让广大群众共享文化建设成果

开幕式当晚举办"文化之光 北京之约"文艺晚会，作为首次在北京冬奥会标志性景观首钢大跳台举办的大型演艺活动，晚会创造性运用场地特色，深化冬奥文化内涵，匠心策划演出内容，通过音诗画舞再现"中国式浪漫"。《敦煌飞天》《同舟》《问道》等节目生动呈现中华文明的恢宏气象，深刻揭示文明交流的光明前景，有力强化"一起向未来"的时代主题。作为论坛配套群众性文化活动，"大戏看北京"展演季集中上演精品剧目55部，展映中外优秀影片50部，线下观众达15万人，线上"云剧场"覆盖人次9000万，全面展示首都演艺市场繁荣景象。"我与地坛"书市阔别十年后回归，208家参展商携40余万种精品图书集中亮相，吸引超48万人次参与。"十月文学月"等全民阅读活动营造了书香京城的浓厚氛围。惠民文化消费季举办各类活动10.3万场，发放惠民金额1.6亿元，带动消费金额约28亿元，在京城掀起文化消费热。论坛促成52个文化项目签约，总金额超95亿元，其中包括全球数字工业影视基地等产业投资类项目35个，涉及中央单位项目17个、中外合作项目4个，为文化交流合作和文化高质量发展注入新动能。

（五）宣传报道规模宏大、高潮迭起，新时代文化发展成就和首都文化魅力影响广泛

本届论坛受到中外媒体高度关注，85家境内外主流媒体、448名注册记者到会参与报道，舆论聚焦习近平总书记向论坛致贺信，高度评价论坛搭建国际文化交流新平台，充分肯定新时代文化发展和全国文化中心建设巨大成果，热情点赞文艺晚会和配套活动，形成强大声势和热烈反响。中央媒体集中报道，人民日报推出各类报道200余篇，新华社综述文章和多语种消息被2000余家次媒体转载，中央广播电视总台《新闻联播》《焦点访谈》重点推介，光明日报、经济日报等推出头版报道，极大提升了论坛影响力。市属媒体全面发力，刊播报道2.4万余篇，播出广播电视节目超1800分钟，在新媒体端、视频平台及地铁、楼宇电视高频次推送短视频，播放量超8亿次。微博、抖音、头条、快手等重点平台累计形成话题超900个，

10 多个话题登上热搜榜。对外传播有力有效，中国日报刊发重磅专版报道，中国新闻社向海外华文媒体提供相关报道 20 余版。海外社交媒体矩阵账号全员联动传播，相关贴文阅读量达 830 万次。希腊文化部副部长向多家希腊媒体宣介北京文化论坛，近 40 家境外媒体推出 130 余篇报道，对论坛给予高度评价。网民纷纷表示，通过此次论坛更好了解到北京的古都文化、红色文化、京味文化、创新文化，期待亲身打卡文化地标；北京文化论坛在文明交流互鉴过程中传递中国声音，给北京留下最闪亮的印记，希望亲身感受中国的文化和底蕴。

二、经验做法

论坛坚持以习近平新时代中国特色社会主义思想为指导，将精益求精的办会意识贯穿筹备全过程，积极调动各方资源力量，高质高效完成各项筹办任务，实现了预期目标，也积累了宝贵经验。

（一）中央坚强领导是论坛成功举办的根本保证

中央高度重视 2023 年北京文化论坛，将其作为贯彻落实党的二十大精神、践行全球文明倡议的重要举措。中宣部将论坛作为服务文化强国建设、推动文明交流互鉴的重要平台，北京市委市政府将论坛作为继服贸会、中关村论坛、金融街论坛后又一支撑首都城市战略定位的重要平台，双方共同主办论坛，成立论坛领导小组，加强对论坛筹备工作的组织领导。中央宣传文化单位、外交部全力指导支持论坛筹备，北京市举全市之力完成筹备任务，为论坛成功举办奠定了坚实基础。

（二）高效协同联动是论坛成功举办的有力保障

创新协同联动机制，充分发挥工作效能。注重央地联动，16 家中央宣传文化单位主要负责同志担任论坛领导小组成员，选派司局级同志加入论坛领导小组办公室，定期研究工作，形成央地联动的强大合力。中央单位充分发挥自身优势，会同北京市承办单位精心做好论坛筹备工作。注重部市联动，中宣部对论坛重大事项全程提供指导、全力协调推动。北京市抽调精干力量组建筹备工作专班，形成上下贯通、协同高效的工作格局。注重内外联动，与中国联合国教科文组织全委会以及我驻外使馆、驻外文化机构密切沟通协调，加强与北京市友好城市的沟通联系，发挥文化领域国际组织中方力量作用，多渠道邀请境外嘉宾参会。协调动员清华大学、北京大学等知名高校，邀请外籍专家学者出席论坛。

（三）坚持首善标准是论坛成功举办的关键因素

紧紧围绕展示建设成果、分享经验做法、探讨合作发展、促进传播交流，以首善标准系统谋划开幕式暨主论坛、平行论坛、成果发布、项目签约、现场观摩、文艺晚会、配套活动等各环节。牢牢把握"内容为本"要求，反复修改完善论坛工作方案，反复打磨各类文稿，确保主题聚焦、内容精准。用心用情开展中外嘉宾邀请工作，"一人一策"做好嘉宾日程安排、抵离迎送，实现中外嘉宾"全好评、零投诉"。创新策划文艺晚会，在创意呈现、情景串联、舞台搭建、户外演出等方面锐意创新，做到思想性和艺术性相统一。

（四）严把各类安全关口是论坛成功举办的基本底线

落实"安全第一"要求，从严从实抓好防疫、交通、安保、消防、资金等全方位安全保障。压紧压实意识形态工作责任制，密切关注涉论坛境内外舆情，做好监测预警和研判处置，实现涉意识形态事件"零发生"。精心设计交通流线，做好会场和观摩区域沿线交通管理工作，精准部署安保力量，实现交通安保"零差错"。建立重点场所消防安保联勤指挥体系，做好风险排查、培训演练、现场监测、应急处置等服务保障，实现消防安全"零事故"。

2023 中国北京国际科技产业博览会

中国北京国际科技产业博览会（以下简称"科博会"）创办于1998年，是中国首个以科技为主题的大型国际科技交流合作展会，已连续举办25届，为展示最新科技成果、传播前沿思想理念、发布产业政策信息、促进国际经济技术合作作出了积极贡献。据不完全统计，前25届科博会共有100多个国家和地区1190个境外代表团参加，参展中外机构和企业40180家，接待观众573万人次，签署合同、协议5711个，总额10645.12亿元人民币。科博会为贯彻落实国家重大战略、促进产业交流合作、助力北京高质量发展、服务各类市场主体创新，作出了积极贡献。党和国家领导人以及多国元首都曾出席科博会活动。

一、展会情况

第二十五届科博会于2023年5月25至30日举办，作为中关村论坛展览板块，地点设在中关村国家自主创新示范区展示中心和海淀公园路西侧，展览面积2.7万平方米。展会以"开放合作·共享未来"为主题，设置前沿科技和未来产业、信息科技与智能制造、绿色双碳、医药健康、数字经济和区域创新合作等6大展区，共有来自23个国家和地区及国际组织的650余家企业机构参加展览，展出区块链、高端制造、基因与细胞治疗等大批最新技术和前沿科技成果。

据统计，本届展览共接待副部级以上领导93人次，参观团组70余批次约1400人次，累计接待各界观众近8万人次。配套举办的8场推介交易活动着眼搭平台、促合作，围绕数字经济、人工智能和科技金融等主题，集中推介项目40余个，吸引1000余人次线下参会，98万余人次在线观看。

二、主要特点

（一）国家级平台功能更加彰显，发展成效全面呈现

一是广泛汇聚全国优质科技创新资源。展览吸引中国电科、中国电子、中国一汽等70余家央企，蓝色光标等30余家科技领军企业，北京理工大学、北京邮电大学等20余家高校院所，三大国际科技创新中心及安徽、湖南、陕西、武汉、成都等30多个省、自治区、直辖市与计划单列市参展参会。

二是突出体现战略发展成效。京津冀协同发展展区系统展现三地携手建设现代化首都都市圈、推动京津冀协同发展取得的新成效，充分展示三地强化协同创新和产业协作的新成果。配套举办的京津冀科技产业项目推介会以"汇聚科技力量、助力协同发展"为主题，积极促进京津冀科技成果转化及项目合作落地，共同推进京津冀创新链、产业链、供应链融合发展。

（二）国际科技交流更加广泛，外资企业深度参与

一是知名国际企业参展大幅跃升。本届展览邀请了165家外资企业和机构参展，ABB、NEC、诺基亚贝尔、赛诺菲、威立雅水务、京港地铁等25家世界500强跨国公司携手亮相，展示企业尖端科技成果。

二是活动参与形式更加多元。NEC完成科博会"首秀"，展出公路路面病害智能巡检评估系统等一系列先进解决方案；赛诺菲携糖尿病领域创新复方制剂赛益宁和长效基础胰岛素来优时等20余款创新产品参展。中外机构合作打造"数智·重塑未来"科技合作主题交流推介会，围绕科技发展趋势、先进技术应用、商业模式创新等议题开展推介交流。

（三）前沿性科技引领更加突出，首发首展项目云集

一是前沿技术整体呈现。集中展示元宇宙、人工智能、量子信息、脑科学、细胞与基因治疗等领域全球最新技术进展和重大成果，长安链、量子计算云平台、开源芯片、类脑计算芯片等全球最前沿的技术成果集体亮相。

二是首发首展项目扎堆亮相。中国一汽的红旗智能平台HIS、北京海百川科技有限公司的真人互动全息柜、蚂蚁集团的Z字库生僻字解决方案

等 130 余个项目首发首展。

（四）互动性展陈形式更加炫目，应用场景广受关注

一是新一代技术手段充分展现。引入全息投影、数字导引等技术手段，生动展现科技办展理念。元宇宙展示集群通过 VR、AR、无线动捕、实物模型等体验方式加强互动。机器人展示集群既展示芯片、传感器等核心技术与零部件，也有应用于各行业领域的多功能机器人进行展览。

二是数字应用场景体验丰富。产业元宇宙专区汇集多家拥有元宇宙技术落地应用成果的企业，全景展示元宇宙基础设施建设、产业应用以及"零碳城市"等前沿领域创新成果，以沉浸式观展体验向观众逐步介绍了元宇宙技术在多个产业环节的应用，吸引了众多专业观众、媒体代表和社会观众现场体验。

三、经验做法

（一）高效调动资源，着力提升服务水平

深入研究外资企业参展诉求和遇到的问题，主动破解展览国际化提升等难题，为企业量身定制参展政策，在展陈规划、观众邀请等方面积极投入力量，提供参展"一条龙"服务，全方位提升国际企业参展体验，着力提高展会国际化发展可持续性。全面邀请各省、自治区、直辖市和计划单列市参展参会，周到细致做好在京接待和参展服务工作。

（二）强化统筹协调，不断优化机制建设

成立科博会筹办工作运行指挥部，设立展览展示、省区市工作、嘉宾接待、安保防疫等 8 个工作组，与中关村论坛办公室、论坛筹办各工作组联动配合，密切沟通科博会与中关村论坛活动的有关衔接事项。

（三）狠抓安全生产，全力确保万无一失

制定现场安全生产工作方案，由主办单位、展览运营单位、主场服务公司联合建立并执行三级馆长制度，加强施工搭建、展会期间安全隐患排查，

及时整改有关问题，实现展会期间"零事故"。同时，在常态化疫情防控措施基础上，按照安全办会、科学防控的原则，制定疫情防控现场工作方案及应急预案。

（四）落实有关制度，持续强化监督管理

严格按照《党政机关境内举办展览活动管理办法》办展，注重知识产权保护，设置知识产权保护咨询点，现场宣传和处理知识产权保护方面的问题。严格落实中央八项规定精神，广泛应用节能低碳新技术，杜绝过度耗资、奢侈浪费等现象。

第十六届中国—拉美企业家高峰会

中国—拉美企业家高峰会（以下简称高峰会）创办于 2007 年，是中国—拉共体论坛框架下的经贸合作机制性活动，被誉为中拉务实合作的旗舰品牌。本届高峰会是落实习近平主席关于中国支持高质量共建"一带一路"八项行动的具体实践，展示了中国推进高水平开放、推动构建开放型世界经济的坚定信心，展现了中拉经贸往来的蓬勃生机，突显了北京在中拉务实合作中的担当作为，达到了增强共识、扩大合作的目标，对推动新时代中拉关系行稳致远和高质量共建"一带一路"具有积极意义。

一、基本情况

本届高峰会由中国国际贸易促进委员会、北京市人民政府和中国人民银行主办，北京市贸促会和中国国际商会承办，于 11 月 2 日至 3 日在北京国家会议中心成功举办。国家副主席韩正出席开幕式并致辞，圭亚那总统阿里视频致辞，中共中央政治局委员、市委书记尹力，中国国际贸易促进委员会会长任鸿斌，美洲开发银行副行长伊瓦涅斯分别致辞。中共北京市委副书记、市长殷勇主持开幕式。外交部部长助理华春莹，市领导夏林茂、司马红、穆鹏，以及来自美洲开发银行、拉美和加勒比国家的 19 位部长级官员、20 位驻华大使等出席，中拉双方共 1000 余人参会。

本届高峰会以"开放创新、共享发展"为主题，在 2 天时间内密集安排 11 场活动，包括开幕式和全体会议，中拉数字经济、农业、文化旅游、绿色经济合作专题对话会等 4 场平行会议，以及中拉贸促机构和商协会圆桌会议、中拉智库合作对话会、企业对接洽谈、配套展览、参观考察等 5 场配套活动，发布了《中国—拉美和加勒比工商界合作北京倡议》和《中拉互联互通指数报告（2023）》，为中拉各界人士搭建了多类型、多层次、多领域交流平台。

二、主要成果

（一）中拉双方合作共识进一步凝聚，"一带一路"倡议深入人心

韩正副主席在致辞中指出，中方愿同拉美和加勒比国家一道，深入推进高质量共建"一带一路"。尹力书记在致辞中提出，深化开放合作、创新合作和人文交流，在中拉合作大局中贡献"北京力量"。圭亚那总统阿里表示，圭亚那坚定支持习近平主席在拉美和加勒比国家共同体第七届峰会上提出的主张，本次高峰会达成的协议和建立的合作伙伴关系，将使中拉之间的纽带更加牢固。拉美和加勒比国家驻华使团团长、乌拉圭驻华大使卢格里斯表示，习近平主席在第三届"一带一路"高峰会上的发言为我们指明了未来合作的方向。

（二）北京高水平对外开放形象充分展示，发展成就得到普遍赞誉

中拉工商界发布《中国—拉美和加勒比工商界合作北京倡议》，在世界舞台上发出北京声音。刚与我国建交的洪都拉斯派出 3 名部长率领 50 余人参会。外交部部长助理华春莹表示，本届高峰会活动紧凑流畅、凸显高科技，展现了北京水准。美洲开发银行副行长伊瓦涅斯表示，感谢北京给予的热情款待，相信有了更为丰富的资源，拉美将拥有更加光明的未来。拉方嘉宾盛赞高峰会搭建的多个对话平台和营造的平等交流互鉴氛围。

（三）交流合作走深走实，中拉企业对接洽谈成果丰硕

高峰会期间，300 余家中方企业与 100 余家拉方企业开展 600 余场一对一洽谈，在电子信息、跨境电商、农业食品、文化旅游、新能源光伏、汽车等领域达成一批初步合作意向。北京东方雨虹与亚洲—加勒比投资有限公司就建筑建材、技术采购达成初步合作意向，金额约 1 亿元。氪星创服公司与阿根廷青年企业家联盟签订合作协议，将共同探索打造北京—阿根廷青年创新中心。配套展览现场，3500 余名专业观众洽谈对接，北京经济技术开发区就信息技术产品出口与墨西哥企业达成合作意向。实地考察中，北京"两区"建设成果和自动驾驶、人工智能、新能源、

智慧农业等技术引起外宾赞叹，表示期待进一步合作。

（四）建言献策务实管用，为中拉深化高质量合作提供重要思路和借鉴

中拉智库合作对话会上发布了《中拉互联互通指数报告（2023）》，就构建更加互联互通的合作提出建议，助力培育开放互利大市场，共同捍卫多边主义和自由贸易。双方政府官员、专家学者、企业家等，围绕加强数字经济、农业经贸、文化旅游、绿色经济四个领域合作以及贸促机构和智库合作进行深入探讨。多位专家表示，希望学习和借鉴中国在智慧城市、电子商务、农业基础设施、清洁能源等方面经验，助力拉美地区发展。中兴通讯、滴滴出行、36氪、小笨鸟、快手、完美世界等企业提出希望政府、贸促机构、商协会及企业密切联动、搭建更多对接合作平台和拉美地区进一步改善营商环境等务实建议。

三、主要特点

（一）国际化程度高

本届高峰会吸引拉美工商界广泛参与，来自 26 个拉美和加勒比国家的 400 余名外宾参会，约占参会嘉宾总数一半，是国内举办的高峰会中外宾比例最高、国别最多以及拉方部长级官员和大使出席人数最多的一届。哥伦比亚贸促会等 21 家拉方贸促机构和商协会参会。20 个拉美和加勒比国家参加配套展览，是高峰会创办以来参展国别数最多的一届。

（二）首都特色突出

高峰会充分展现北京作为首都，在中拉合作大局中的示范引领和辐射带动作用。4 场平行会议紧紧围绕北京市重点发展的特色优势产业和中拉双方合作基础良好、发展前景广阔的重点领域展开对话交流，进一步挖掘合作潜力。配套展览专门设置北京高水平开放和高质量发展成果展示区域。参观考察线路设置紧紧围绕北京城市规划特点和特色产业布局，集中展示北京功能园区和重点企业发展成就。北汽集团、首农集团、京

东集团等多家北京企业积极参会，寻求合作商机。

（三）机制性合作进一步强化

60 余家国内外贸促机构和商协会齐聚一堂、共话合作。以北京市贸促会为代表的 9 家地方贸促会与 8 家拉方贸促机构和商协会签署 22 份合作文件，不断扩大贸促机构"朋友圈"，为推动构建中拉命运共同体贡献工商界力量。

四、经验做法

（一）高位统筹、精心组织，奠定高峰会坚实基础

市委市政府从更好服务国家总体外交、推动首都高水平开放和高质量发展的大局出发，作出联合主办第十六届高峰会的工作部署。尹力书记、殷勇市长分别对高峰会工作方案作出批示。司马红副市长、中国国际贸易促进委员会张少刚副会长担任筹备工作机制组长，尹培彦副秘书长担任副组长。司马红副市长主持召开筹备会，协调各方推动落实。全市 24 家单位积极主动作为、密切协调配合，为高峰会成功举办打下坚实基础。

（二）超前谋划、深入调研，确保高峰会取得实效

2022 年 10 月，市贸促会主动启动申办第十六届高峰会相关工作。为切实将高峰会办出特色、办出水平，推动北京与拉美经贸交流合作迈上新台阶，开展了为期 3 个月的境内外深度调研，得出北京与拉美在数字经济、农业经贸、文化旅游、绿色经济四大领域具有良好合作前景的调研结论，形成专项调研报告，为谋划制定工作方案和筹办各项具体活动提供科学依据和决策支持。

（三）主动推介、广泛宣传，扩大高峰会社会影响

统筹内宣外宣、网上网下、央地媒体，全方位展现高峰会盛况。加强事前吹风，主动走出去组织推介活动。2023 年 6 月，市委副书记刘伟率团访问阿根廷、智利，进行现场推介，7 月召开拉美使节推介会，10 月召开

新闻发布会正式发布。做好会期报道，对接重点媒体，完成美洲开发银行、智利水果出口商协会等 34 场外宾采访，首旅、首农等 20 场中方嘉宾采访和 25 场国别展台采访。新闻报刊、广播电视、网络媒体报道 5305 篇（条），萨尔瓦多、多米尼加、洪都拉斯等多家境外主流媒体第一时间报道高峰会盛况；北京日报《知事会客厅》专访栏目全平台播放量过百万。《新闻联播》对高峰会进行了近 2 分钟报道，《人民日报》在头版刊发专题新闻报道。

（四）筑牢防线、严守底线，确保高峰会万无一失

加强高峰会活动意识形态把关，确保不出问题。严格落实安保要求，与市公安局相关部门和朝阳区多次召开协调会、实地勘查场地，制定详细安保方案和预案，并加强演练，确保责任明确、措施精准。加强食品卫生安全监管和医疗服务保障，组织工作人员和贵宾进行核酸检测，圆满实现"零事故"目标。

首届中国国际供应链促进博览会

为深入贯彻落实习近平总书记关于维护全球产业链供应链稳定畅通的重要指示精神，中国贸促会在北京举办首届中国国际供应链促进博览会（以下简称链博会），国务院总理李强出席开幕式暨全球供应链创新发展论坛并发表主旨演讲。链博会是世界上第一个以供应链为主题的国家级展会，是全球共享的国际公共产品，旨在打造推进高水平对外开放的新窗口、服务构建新发展格局的新平台、推动建设开放型世界经济的新载体、践行人类命运共同体理念的新实践。

一、展会情况

首届链博会于 2023 年 11 月 28 日至 12 月 2 日举办。展会以"链接世界，共创未来"为主题，坚持国际化、专业化、市场化、绿色化办展理念，得到有关各方积极响应。联合国贸发会议、联合国工发组织、世界知识产权组织、国际贸易中心、国际商会等 5 家重要国际组织担任支持单位。

（一）首届链博会开幕式暨全球供应链创新发展论坛圆满成功

李强总理宣布首届链博会开幕，在开幕式前到展馆巡馆并与有关企业负责人互动交流。北京市委书记尹力、国务委员兼国务院秘书长吴政隆出席相关活动。开幕式前，国务院副总理何立峰会见来华参会的英中贸协主席古沛勤一行。印尼总统佐科、乌拉圭总统拉卡列、世界贸易组织等 5 家国际组织以及中国人保等机构和企业负责人线上线下发表致辞。中国贸促会同与会工商界代表共同发布《全球产业链供应链互联互通北京倡议》。来自 90 个国家、地区的各界人士和有关国际组织代表 1100 多人出席，包括 64 位有关地方和部门负责同志、23 位驻华使节。

（二）展览展示特色鲜明

以"链"为展示逻辑，从展产品到展链条再到展生态，突出上中下游衔接、大中小企业融通、产学研用协同、中外企业互动特色，设置智能汽车链、绿色农业链、清洁能源链、数字科技链、健康生活链等5大产业链和供应链服务展区。通过市场化方式组织55个国家和地区的515家企业和机构参展，其中包括53家世界500强企业、57家中国500强企业、25家中国民营500强企业和大批"专精特新""隐形冠军"企业，境外参展商占26%。展览总面积10万平方米，所有展位均为特装展位。47家中外企业首发首展首秀62项代表性新产品新技术新服务。观展人数超过15万人次。

（三）专题论坛和配套活动精彩纷呈

举办6场专题论坛，5名中国科学院、中国工程院院士和90多名中外知名企业负责人、国际组织代表等发表真知灼见，贡献"链博智慧"。举办贸促智库论坛，发布《全球供应链促进报告》，首次构建全球供应链促进分析体系，全面量化分析全球供应链发展趋势，围绕推动全球供应链创新合作、包容发展提出建议。中国贸促会、地方政府、国际组织、中外商协会和企业举办360多场配套活动，涵盖政策解读、对接签约、投资促进、产品展示等类别，发布宣言、标准等23项成果，放大了链博会综合效应。

（四）新闻舆论工作成效显著

广泛宣传习近平总书记关于维护全球产业链供应链稳定畅通的重要论述，深入宣传李强总理主旨演讲精神。1000多名中外记者正面宣传报道首届链博会盛况，全网涉链博会日均信息量超过2.5万条，为中央经济工作会议胜利召开营造良好舆论氛围。外交部例行记者会主动设置议题，人民日报、新华社加强权威发布，中央人民广播电视总台以融媒体方式生动讲述供应链国际合作的故事，有效引导舆论走向。国际舆论高度关注链博会，路透社等外媒认为举办链博会有利于巩固中国作为全球主要制造业中心地位。

二、主要成果

在各方共同努力和大力支持下，首届链博会充分发挥贸易促进、投资合作、创新集聚、学习交流四大功能，有力推动产业链供应链国际合作，为世界经济复苏和全球发展繁荣作出积极贡献。

（一）有力宣示我以实际行动深化产业链供应链国际合作的坚定决心

李强总理的主旨演讲深入贯彻习近平新时代中国特色社会主义思想，深刻论述维护全球产业链供应链稳定畅通的重大意义，系统阐释我深入参与全球产业链供应链合作的积极努力，就构建更加紧密的产业链供应链伙伴关系提出四点倡议，重申我推进高水平开放重要举措，鼓励企业家为推动全球产业链供应链稳健运行发挥积极作用。佐科、拉卡列和与会各方人士由衷赞叹中方为保障全球产业链供应链稳健运行、促进国际经济循环作出的巨大贡献，一致认为在世界经济复苏艰难、全球产业链供应链受到冲击大背景下举办链博会，恰逢其时、意义深远，传递了中国将更深层次参与构建全球产业链供应链的明确信号，更加坚定其对我推动建设开放型世界经济的信心和期待。

（二）广泛凝聚各方深化产业链供应链国际合作共识

中国贸促会与前来参展参会的境外政商界人士互动交流上百场次，宣介我扩大高水平开放、推动产业链供应链国际合作的立场主张。与会嘉宾和参展商、专业观众等聚焦产业链供应链主题，共同探讨相关产业前沿技术、最新研究成果及未来发展趋势，分享合作经验，发掘合作机遇，聚焦坚持创新驱动发展、拓展绿色经济合作、推动数字经济发展等达成一系列共识。各方人士纷纷表示，中方倡议致力于建设更具韧性、更有效率、更富活力的全球产业链供应链，为经济全球化发展和世界经济复苏增长注入稳定性、确定性和正能量，愿合力推动国际产业链供应链开放合作，促进世界经济包容可持续发展。

（三）有效推动国家重大发展战略落地落实

中国贸促会贯彻新发展理念，把握高质量发展要求，汇聚全球优秀企业特别是头部企业参展，促进全球范围产业分工、资源配置、创新合作和成果共享，为推进产业智能化、绿色化、融合化发展，加快建设现代化产业体系提供助力。推动"一带一路"经贸合作，境外参展商中的一半来自40个共建国家；与土耳其、巴西、匈牙利、南非等国家对口机构共同举办经贸活动，推动中外企业和机构签署一系列合作协议；体现链博会开放性和包容性，为老挝、卢旺达、东帝汶等最不发达国家参展提供免费展位等支持。落实京津冀协同发展战略，京津冀三地政府举办"2023京津冀产业链供应链大会"，推动三地产业链供应链建链强链补链。

（四）成功促成一系列务实合作成果

据不完全统计，各方共签署合作协议、意向协议200多项，涉及金额1500多亿元人民币。广大参展商表示此次参展商质量、专业观众数量和洽谈成果远超预期；与传统展会参展商多为同质性竞争关系不同，此次参展的大批上中下游、大中小、中外企业互为潜在合作伙伴，达成一系列合作意向，供应链成为"共赢链""合作链"。约九成参展商认为首届链博会有力促进上下游企业以及供应链服务企业的合作。大批参展商表达参加第二届链博会并扩大参展面积意愿，其中44家已签署明年参展意向协议，有的企业希望签署未来3年参展意向。西门子、美光等多家此次未参展的跨国公司计划2024年参展，美国、英国、法国、加拿大、波兰等30多个国家有关商协会表示2024年将组织更大规模代表团来华参展观展。

三、经验做法

首届链博会深入贯彻习近平总书记重要指示精神，坚持共建、共促、共享原则，契合国际社会共同关切，顺应各国工商界期盼，体现了我作为全球产业链供应链合作参与者、维护者、建设者的大国担当。

（一）党中央、国务院的坚强领导是首届链博会成功举办的根本保证

习近平总书记多次在亚太经合组织、二十国集团、金砖国家、上合组织等多边平台提出产业链供应链相关倡议或声明，围绕保障我国产业链供应链安全稳定、加快建设现代化产业体系作出一系列重要论述，为做好首届链博会筹办工作指明了方向，提供了根本遵循。李强总理出席首届链博会开幕式暨全球供应链创新发展论坛并发表主旨演讲，就深化产业链供应链国际合作提出四点倡议，引发中外嘉宾和国际工商界热烈反响。何立峰副总理对首届链博会筹办工作提出明确要求。中外各界人士盛赞中国政府扩大高水平开放、维护全球产业链供应链韧性和稳定、推动建设开放型世界经济的坚定决心和不懈努力。

（二）全球产业链供应链开放合作是历史大势、人心所向

我举办首届链博会与美国白宫宣布成立"供应链韧性委员会"以减少美对所谓高风险外国供应的依赖形成鲜明对比，引发各方对中美关于全球产业链供应链合作两种态度的热议。此次众多美欧企业踊跃参展，占境外参展商总数的 36%，其中美国企业最多。苹果公司携 3 家合作 10 年以上的中方供应商参展。特斯拉用"车轮上的产业链"生动展现深度参与国际分工才能实现互利共赢发展。美国 GE 医疗与国药集团组成联合展台，展示 32 年共同合作发展历程。英特尔、霍尼韦尔、埃克森美孚等大批美国参展企业表示将扩大在华投资，加强与中国企业供应链合作，扎根中国长期发展。国际工商界以实际行动发出反对单边主义、保护主义的响亮声音，展现了构建稳定和富有韧性的产业链供应链的共同心声，再次表明开放合作、互利共赢是最明智的选择。

（三）绿色化、数字化是全球产业链供应链转型升级大方向

首届链博会在确定展览逻辑、开展招展招商、展馆建设运营等各环节均突出绿色理念和科技元素。发起"零碳链博"倡议，通过省际绿电交易方式努力实现全绿电办展。沃尔沃汽车与云铝股份签订可持续铝价值链合作备忘录，绿色能源成为参展商和专业观众对接洽谈的重点领域。数字科

技链展区汇聚大批世界 500 强企业，思爱普、高通、惠普、英特尔等企业集中展示大数据、云计算、元宇宙、人工智能等科技创新和产业融合发展的最新成果，中国通用技术集团与 GE 医疗在医疗影像数字化领域达成深度合作。外方企业赞赏我企业在新能源、5G 等领域具有国际领先技术，热切期待加强绿色、数字等新领域合作，培育更多合作新增长点。

中国国际制冷、空调、供暖、通风及食品冷冻加工展览会

　　中国国际制冷、空调、供暖、通风及食品冷冻加工展览会（简称中国制冷展）始办于1987年，由中国国际贸易促进委员会北京市分会（北京国际商会）、中国制冷学会和中国制冷空调工业协会共同主办，北京国际展览中心有限公司承办，拥有国际展览业协会（UFI）、美国商务部（US DOC）和中国展览馆协会（CAEC）等多项权威认证。历经36年的发展和创新，中国制冷展已成为全球制冷暖通空调行业规模最大、影响力最强、最具权威性的品牌展会之一，展览规模居全球同行业专业展首位。

一、展览概况

　　第三十四届中国国际制冷、空调、供暖、通风及食品冷冻加工展览会于2023年4月7日至9日在上海新国际博览中心举办。展会以"聚焦全球冷暖 致力系统创新"为主题，集"展、论、谈"为于一体，展览总面积103500平方米。共吸引来自全球19个国家和地区的1040家企业及机构参展，102800名专业观众和买家参观洽谈，参观人数首次突破10万，创历史新高。国际化程度逐步恢复疫情之前水平，国际化展商比例20%，国际观众数量2600余人，25家国际组织发来贺信，18家国际组织现场参会，全球合作伙伴共襄盛会。同期活动方面，展会期间共举办1场主题论坛、42场专题研讨会和28场技术交流会，邀请2名中国工程院院士、300余名中外行业专家分享主旨演讲和专题报告，为行业创新低碳发展提供路径指引；创新产品发布仪式、专业观众观摩团、四大主题示范展区等亮点活动反响热烈，首次增设的中国制冷展年度金奖产品评选吸引全球行业目光。

二、主要特点

（一）把握能源转型发展契机，勇担大国责任

我国是全球制冷空调产品制造第一大国、消费第一大国和国际贸易第一大国，制冷空调行业已成为我国装备工业的有生力量和国民经济的重要组成部分。制冷用电量已占到全社会用电量的 15% 以上，制冷空调行业是当之无愧的能耗大户，与碳达峰、碳中和战略目标息息相关。中国制冷展作为制冷空调行业世界三大展会之一，在展会期间凝聚行业众多专家、企业力量，勇担制冷大国责任，充分发挥技术强国优势，围绕"双碳"目标下制冷技术的发展方向展开了充分研讨。在主题论坛中，邀请到中国工程院院士、中国制冷学会理事长、清华大学建筑节能研究中心主任江亿教授，中国工程院院士、同济大学建筑与城市规划学院吴志强教授，中国制冷展专家委员会主任、北京市建筑设计研究院有限公司顾问总工程师吴德绳教授高级工程师、国际能源署技术与创新部门主管 Araceli Fernandez 分别作题为"热泵在能源革命中的重要地位""城市空间生命力的智慧维护""对行业精英们的引导""建筑空间供暖和制冷能源需求的全球趋势：聚焦热泵"的主题报告，针对当前能源大形势下的技术发展和转型问题进行详细解读。展会期间，组委会组织了丰富多彩的研讨和交流活动。内容涉及《自然制冷剂的应用潜力及障碍专题研讨会》《新型储能及先进低碳技术论坛》《<热泵应用示范项目案例集>发布及典型案例报告会》等热点方向，分享最新技术，共议未来发展。

（二）持续加强国际联络，共享全球技术进展

中国制冷展组委会长期重视同国际行业组织的交流与合作，2023 年展会邀请到来自 18 个海外组织的近百位行业组织代表来华参展，并收到来自 25 个国家和地区的行业组织贺信，共襄全球制冷空调领域的顶级盛会。组委会通过线下及线上等多种形式，立足国际化视野和高度，向行业分享最新动态和研究成果：主题论坛邀请到 IEA（国际能源署）的代表分享聚焦热泵的话题；针对供热空调和冷链两个方向，组织了 2 场国际论坛，特别邀

请了来自中、欧、美、韩等国家和地区的企业和行业学会专家分享全球技术进展。2023 年臭氧气候技术工业圆桌会议设立 3 场分论坛，邀请国际专家就政策与挑战方向分享报告。

（三）不断创新，引领行业高质量发展

中国制冷展作为一个多元化综合性平台，其独树一帜的特点和核心竞争力在于其对技术方向的精准把握和引领作用。制冷展的发展史，也是行业的发展史。自 2010 年起，组委会组织中国制冷展"创新产品"评选活动。2023 年，组委会组织中国制冷展首届"金奖产品"评选和发布。"金奖产品"以"创新产品"为基础，同时结合行业专家现场勘察情况，从 9 个细分领域各推出一个最具代表性的产品作为"金奖产品"；并在此基础上，选出一项为"年度产品"，入选产品可空缺。这意味着组委会在制度层面的严格规范，技术层面的严格把关，选出的每一件产品均须具有说服力和代表性，确保评选的时效性、科学性、权威性。评选活动受到了行业的广泛关注和高度赞誉，多家企业和媒体做了后续报道和重点宣传，整个行业的生机和活力进一步被激发。

（四）有条不紊，全面落实展会预期议程

高质高量地完成了展会的各项议程。除了技术、展品的展示外，在展会期间还举办了内容丰富的学术与技术交流活动，并通过互联网传播展会盛况，使未能参展的企业、未能到现场的技术人员和广大学生共同领略展会盛况，聆听专家讲座。展会期间举办了 1 场主题论坛、42 场专题研讨会和 28 场技术交流会。其中，有多场重点讨论技术创新和提高产品品质问题，特别突出产品在实际应用中的性能提升及技术途径的研讨，推动了行业专注产品品质、激发技术创新。部分会议视频及 PPT 通过中国制冷展官网、官方微信公众号和官方抖音号等渠道进行了多渠道的宣传推广。

中国国际石油石化技术装备展览会

中国国际石油石化技术装备展览会（简称"CIPPE北京石油展"）是经国家商务部批准、国家层面重点支持引导的展会，创办于2001年，每年举办定期，至今已成功举办23届，是国际展览业协会（UFI）认证的品牌展会。展览主办为振威国际会展集团、北京振威展览有限公司，支持单位有中国石油和石油化工设备工业协会、中华全国工商业联合会石油业商会、中国石油和化学工业联合会、中国机械工业联合会、中国石油天然气集团有限公司、中国石油化工集团有限公司、中国海洋石油集团有限公司。

CIPPE北京石油展是一年一度的世界石油天然气装备大会，同期举办的子品牌展会包括北京国际海洋石油天然气展览会（CIEEO）、北京国际石油天然气管道与储运技术装备展览会（CIPE）、北京国际防爆电气技术设备展览会（EXPEC）、北京国际海洋工程技术与装备展览会（CM）、北京国际天然气技术装备展览会（CING）、北京国际页岩气技术及装备展览会（CISGE）、北京国际石油和化工安全防护技术及设备展览会（CIPSE）、北京国际石油和化工自动化技术装备及仪器仪表展览会（CIECA）、北京国际燃气应用与技术装备展览会（GAS）、北京国际氢能技术装备展览会（HEIE）、北京国际地下工程建设及非开挖技术装备展览会（CITTE）等十余个细分行业展会。

一、展会概况

2023年5月31日至6月2日，第二十三届中国国际石油石化技术装备展览会在北京·中国国际展览中心（顺义馆）举办，展览面积达120000平方米，来自全球65个国家和地区的2000多家企业参展，其中世界500强企业46家，美国、德国、俄罗斯、加拿大、英国、法国、意大利、苏格兰、韩国等 18 个国际展团参展。专业观众 150000 人次。

二、主要特点

（一）品牌展商汇聚

国际展商包括埃克森美孚、俄油、俄气、俄罗斯管道运输、卡特彼勒、国民油井、斯伦贝谢、贝克休斯、GE、ABB、卡麦龙、霍尼韦尔、飞利浦、施耐德、陶氏化学、罗克韦尔、康明斯、艾默生、康士伯、AkzoNobel、API、3M、E+H、MTU、ARIEL、KSB、泰科、Atlas Copco、Forum、豪氏威马、山特维克、雅柯斯、海虹老人、都福、伊顿、奥创、艾里逊、康迪泰克等相关领域世界知名企业；国内参展企业有中石油、中石化、中海油、国家管网、中国中化、中国船舶集团、中国航天、中国中车、延长石油、宏华、杰瑞、科瑞、三一集团、南阳二机、东营经济技术开发区、浩铂智能、中信重工、潍柴、安东石油、东方先科、上海神开、百施特、中油科昊、海默科技、百勤油服、西部石油、玉柴、大冶特钢、海隆石油、冠能固控、国兴汇金、中世钛业、如通股份、恒泰万博、格瑞迪斯、海洋王等行业领军企业。

（二）高端会议引领

石油技术与装备院校长论坛暨国际石油天然气产业大会是行业领袖云集、新思想新思维汇聚的行业盛会，同期举办了新能源、测控技术、油气装备技术、国际天然气和城市燃气、油气管道、海上风电、氢能等多个专业化国际化的学术性高端会议；展览期间还举办了展品创新金奖评选、驻华使馆推介会、采购对接会、石油院校技术成果交流会等活动。

（三）权威媒体聚焦

展会得到了新华社、人民日报、中央电视台、中国日报、中国石油报、中国石化报、中国化工报、石油商报、Upstream、Worldoils、Digital Refining、Oil & Gas Product News、Gulfoilfield Directory、中国证券报、上海证券报、第一财经日报、华尔街日报及新华网、新浪、搜狐、人民网等上千家国内外媒体的高度关注与报道。

CIPPE 与 300 多家国际媒体进行了战略合作。通过网络、杂志、报纸以及社交媒体等多维渠道，将参展商、采购商、专家以及相关行业的观众紧密地联系在一起。国际媒体将 CIPPE 的展览、会议及同期活动等信息第一时间传递到国际石油石化业内，同时将反馈及时回传给主办方，良性互动进一步提升了展会的整体效率。

（四）线上直播探展

CIPPE 根据参展企业需求、品牌特点、展品亮点等有针对性地进行统筹策划，以主持人第一视角直播探访参展企业，现场与企业沟通互动，对企业展品、技术进行介绍，企业负责人现场讲解，通过 CIPPE 官网、微信小程序、社群同步进行直播，累计超两万名观众在线实时观看，实现线上线下参展企业多维度展示。

三、运作模式

在多年的经营摸索中，振威会展总结并应用了一套"将军＋政委＋总后保障"，即"项目经理＋品牌经理＋客服/观众组织经理"的产品营销模式，三位一体整合营销做好客户服务，促进沟通、达成交易，有效提升了展会实效。

此外，振威会展还形成了一套全生态的会展矩阵产品线，包括展览、论坛、行业组织、刊物、网站、线上展和直播等。通过深耕行业和整合资源，为参展商和采购商提供全方位价值服务平台，提供更多元化、更全面的参展和观展体验，提高展会的实效和吸引力。

四、经验做法

（一）立项：选择良好的种子

立项是会展业的核心要素，就像一颗种子，良好的种子经过勤劳的护理和努力的浇灌，可以长成参天大树，收获丰硕的果实。展览是产业发展的助推器、行业的晴雨表，当展览业蓬勃发展时，意味着产业发展活跃，企业对参展的需求也会大幅增加。因此，链接供采两端的会展平台，立项之初选择国家战略性、支柱性产业，发挥会展业与产业之间的同频共振效应，不仅可以推动产业高质量发展，还能有效地满足市场需求，为企业的持续增长提供良好的推动力。

（二）存活：坚定不移地做好展览服务

尤其是培育期展会，应该从展览服务入手，将提升展商的满意度，继而强化其对展会的忠诚度列为首要任务，真正实现展会的品牌价值。

第一，携手行业龙头，共创展会新高度。行业龙头企业具有示范带头作用，许多同行企业将其参展视为是好展会最直观、最有效的标准。所以，行业龙头企业参展可以扩大展会影响力、提升展会品质，应在龙头企业邀请上下足功夫，以带动更多同行企业参展。

第二，观众是展会的基石。通过高质量的专业观众组织，精准的观众对接服务，切实服务于参展商的需求，促进产业的交流和互动，推动产业的迅速发展。振威坚持在产品中塑造差异，在服务中实现价值，从服务增值中要效益，很早便开始了观众组织的工作，广泛而又有针对性地邀请专业观众，发挥展会的平台效应。不仅要把企业请进来，更要让企业有一定的收获，或带来交易、或挖掘潜在客户、或拓展知名度，让参展企业不虚此行。

第三，学会借船出海。在对外扩张的时候，不能完全凭借自己一己之力，要通过与知名行业协会等机构合作，共同作为主办单位或支持单位，从而更好地获得市场认可，借助协会的品牌影响力和资源来实现更大的市场覆盖，依靠协会的专业经验和行业内部的网络，企业可以更好地了解市场动态、趋势和竞争对手，从而制定更有针对性的市场扩张策略。

第四，抓关键。抓大放小，抓牵一发而动全身的大事件。例如，在展会行业中，UFI国际认证是最高规则的国际认证，振威会展旗下有7个展会通过了UFI国际认证，已经赢得更多的市场认可和关注。另外，在媒体选择上，振威会展重视权威媒体的影响力。虽然投入较高，但能够提高振威会展的市场知名度和声誉，有助于塑造展会的专业形象和行业领导地位。

（三）成长：拒绝诱惑，不断打破旧的天花板

振威会展之所以能不断成长，取决于四个重要方面：

第一，具备成长的心态。这意味着要有积极向上、不断学习和改进的心态，愿意面对挑战并从中成长。这样才能适应不断变化的市场环境，并不断提升自身的能力。

第二，把握大势。了解全球和国内的经济、行业趋势，熟悉市场需求和竞争情况，及时调整自己的发展策略，抓住机遇，应对挑战，才能在行业中立于不败之地。

第三，组织扩张。随着业务的不断增长，需要具备快速扩张的能力，包括招聘和培养高素质的员工，建立高效的管理体系，完善内外部资源的整合能力等，支撑公司的持续发展。

第四，商业模式创新。不断打破旧的天花板，伴随着市场的不断变化，振威会展需要不断创新，打破传统的商业模式，寻找新的增长点。这意味着要不断引入新技术、新业态，拓展新的市场领域，不断寻求突破和变革，保持竞争力和创新力。

第四部分　政策法规篇

北京市"十四五"时期
会展业发展规划

序　言

　　"十四五"时期是我国全面建成小康社会、实现第一个百年奋斗目标之后，乘势而上开启全面建设社会主义现代化国家新征程、向第二个百年奋斗目标进军的第一个五年，也是北京落实首都城市战略定位、建设国际一流的和谐宜居之都的关键时期。

　　会展业作为外向型窗口行业，具有综合性强、产业关联度高、带动效应明显等特征，以举办各种会议和展览活动为核心，集商务活动、信息交流、观光游览、文化娱乐于一体，包含展览、会议、奖励旅游、节庆活动、体育赛事等多种业态，是促进行业交流的载体和平台。对经济发展和社会进步具有很强的拉动效应和催化作用，已成为拉动内需、扩大开放、提升城市综合竞争力的重要引擎。

　　为更好发挥会展业促进首都社会经济发展的作用，依据《北京城市总体规划（2016—2035年）》《北京市国民经济和社会发展第十四个五年规划和二〇三五年远景目标纲要》《京津冀协同发展规划纲要》等文件编制《北京市"十四五"时期会展业发展规划》（以下简称本规划），规划期限为2021年至2025年。

第一章 基本情况

一、发展成就

"十三五"时期，北京市会展业保持稳步发展，会展业经营收入、展览规模均稳步提升，除 2020 年受新冠疫情影响外，2019 年达到同期最高水平。会展业在服务首都"四个中心"功能建设、促进"两区"建设、带领国内优秀企业"走出去"、国外优质资源要素"引进来"和"双向开放"中发挥了重要作用。

（一）服务首都城市功能建设作用不断加强

"十三五"时期，中国国际服务贸易交易会、中关村论坛、金融街论坛成为国际高端要素汇聚，城市对外交往示范引领等国际交往中心建设的重要承载平台和展示窗口；"一带一路"国际合作高峰论坛、复兴之路主题展览等大型政务类会展及活动的举办，有力支撑国家政治、外交等主题活动，不断强化首都政治中心建设；通过国际图书博览会、国际电影节、国际设计周等文化类展会及活动，为推动文化中心建设，提升文化软实力和国际影响力赋能；举办世界机器人大会、世界 5G 大会等各类国际性前沿科技展会，为提升首都新兴产业和高技术产业品牌影响力和国际化程度，促进科技创新中心建设提供有力抓手。

（二）会展收入持续增长

"十三五"时期（2016 年至 2020 年），北京市会展业总体收入累计达 1265.1 亿元，比"十二五"时期（2011 年至 2015 年）1105.7 亿元增长了 14.4%。其中，展览总收入 619.6 亿元，较"十二五"时期 485.4 亿元增长 27.6%；会议总收入 628.1 亿元，较"十二五"时期 568 亿元增长 10.6%。从业人员结构不断优化，"十三五"期间，会展业年均从业人数为 11.7 万人，比"十二五"时期年均从业人数 19.9 万人下降了 8.2 万人，降幅达 41%。

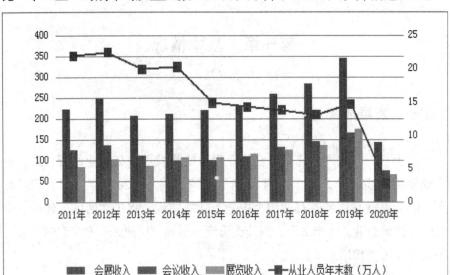

图 4.1　2011 年至 2020 年北京市会展业总体收入及从业人员变化[①]

（单位：亿元人民币）

（三）会展设施规模承载力逐步提升

北京市现有万平方米以上展览场馆 9 座，可供展览面积共计 54.48 万平方米，其中：室内展览面积 39.38 万平方米，室外展览面积 15.1 万平方米。"十三五"时期新增首钢园展馆、北人亦创国际会展中心、金海湖国际会展中心等展览场馆，新增展览面积 14.4 万平方米，其中室内展览面积 13.5 万平方米。

2020 年全国在用展览场馆 298 座，室内展览面积 1229 万平方米。从在用展览场馆数量和室内展览面积城市排名看，在用展览场馆数量排名前三的城市为上海市（9 座）、北京市（9 座）、杭州市临沂市并列第三（7 座）；室内展览面积排名前三的城市为上海市（81 万平方米）、广州市（63 万平

---

① 资料来源：《北京统计年鉴》1. 会展业总体收入除会议、展览收入外还包含少量奖励旅游收入，因比重较小，2016 年后奖励旅游收入不再列入北京市统计年鉴。2. 人员情况和收入情况包括会展场馆、限额以上住宿业法人单位和产业活动单位、会展举办单位以及规模以上会议及展览服务业法人单位和旅行社等。3. 会议情况和展览情况包括会展场馆、限额以上住宿业法人单位和产业活动单位。

方米）、深圳市（51万平方米）。[1]

表 4.1 北京市万平方米以上主要会展设施（单位：平方米）

序号	展馆名称	总面积	室内展览面积	室外展览面积	区位
1	中国国际展览中心（顺义馆）	176800	106800	50000	顺义区
2	北京首钢会展中心	94000	85000	9000	石景山区
3	全国农业展览馆	71000	25000	40000	朝阳区
4	中国国际展览中心（朝阳馆）	59000	60000	6000	朝阳区
5	国家会议中心	42000	40000	—	朝阳区
6	北人亦创国际会展中心	35000	30000	—	经开区
7	北京展览馆	32000	22000	10000	西城区
8	北京金海湖国际会展中心	20000	18600	6000	平谷区
9	北京雁栖湖国际会展中心	15000	15000	—	怀柔区
合计		544800	402400	121000	—

北京市可接待会议设施的数量和规模较"十二五"时期稳步增长[1]。截至 2020 年，会议室数量 5271 个，使用面积 82.5 万平方米，可容纳人数 51.7 万人，较"十二五"期末 2015 年（4909 个，72 万平方米，44.5 万人），分别增长 7.3%、14.6%、16.2%。

（四）展览市场规模稳中有增

2016 年至 2019 年年均举办展览 835 项，年均展览规模 760 万平方米。展览数量和规模峰值出现在 2019 年，北京市举办展览 865 项，累计展览面积 1083.6 万平方米，接待观众 1633.1 万人次。同年，上海市举办展览 1043 项，累计展览面积 1941.7 万平方米；广州市举办展览 690 项，累计展览面

---

① 资料来源：《中国展览数据统计报告 2020》。
② 资料来源：《北京统计年鉴》，接待设施情况包括会展场馆、限额以上住宿业法人单位和产业活动单位。

积 1024 万平方米。^①

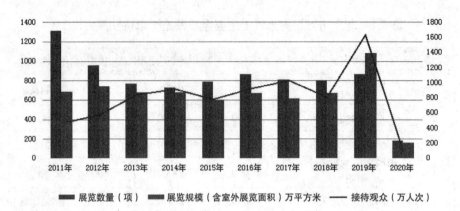

图 4.2　2011 年至 2020 年北京市展览数量、规模、接待观众情况^②

（五）会议业发展平稳，国际会议优势显著

"十三五"时期，北京市举办会议总数 102.3 万项，接待会议观众8375.2 万人次。2019 年北京市举办会议数量 23.6 万场，接待观众 2093.6 万人次，较"十二五"期末 2015 年分别增长 15.1% 和 3.2%。

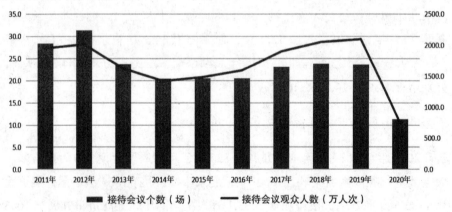

图 4.3　2011 年至 2020 年北京市举办会议数量、接待观众情况^③

---

① 资料来源：《中国展览数据统计报告 2019》。
② 资料来源：《北京统计年鉴》。
③ 资料来源：《北京统计年鉴》。

根据国际大会及会议协会（ICCA）统计，北京市 2019 年举办的国际协会会议数量为 91 场，在亚太地区城市排名第七位，在国内城市排名中位列榜首。在 ICCA2020 年全球会议目的地竞争力测算中，北京市全球排名第 12 位，在国内城市中位居第一。我国共有北京、上海、成都、深圳、广州、杭州 6 个城市入围全球前 50 位（不含港澳台地区）。

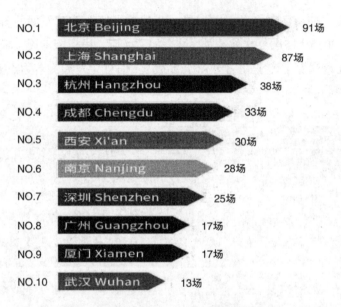

▌2019年中国大陆城市排名及会议数量

NO.1	北京 Beijing	91场
NO.2	上海 Shanghai	87场
NO.3	杭州 Hangzhou	38场
NO.4	成都 Chengdu	33场
NO.5	西安 Xi'an	30场
NO.6	南京 Nanjing	28场
NO.7	深圳 Shenzhen	25场
NO.8	广州 Guangzhou	17场
NO.9	厦门 Xiamen	17场
NO.10	武汉 Wuhan	13场

图 4.4　ICCA 统计的 2019 年会议数量国内城市排行榜

表 4.2　ICCA 发布的北京国际会议数量及城市排名（2016—2019 年）

	2016 年	2017 年	2018 年	2019 年
会议数量 / 场	113	81	93	91
全球城市排名 / 位	15	25	22	22
亚太地区城市排名 / 位	4	6	7	7

（六）有力保障重大国事活动举办

立足首都城市战略定位，适应重大国事活动常态化需求，着眼服务国家总体外交，持续提升重大国事活动服务保障能力。圆满完成两届"一带一路"国际合作高峰论坛、中非合作论坛北京峰会、亚洲文明对话大会等一系列重大国务政务活动的服务保障任务，积极筹备北京第24届冬奥会和冬残奥会，成功举办北京世界园艺博览会，持续提升中国国际服务贸易交易会、中关村论坛、金融街论坛的影响力。

（七）会展促进政策带动行业发展

认真贯彻落实国务院《关于进一步促进展览业改革发展的若干意见》（国发〔2015〕15号）文件精神，结合地方实际，积极探索展会模式创新，以促进北京展览业专业化、国际化、品牌化、信息化发展为着力点开展工作，制定会展促进政策。

专栏一：北京市"十三五"时期会展促进政策

2017年，北京市旅游发展委员会印发《北京市会奖旅游奖励资金管理办法》（京旅发〔2017〕301号），促进会展与旅游的产业融合。

北京市商务局等9部门联合印发《关于进一步促进展览业创新发展的实施意见》（京商务贸发字〔2017〕37号），提出"坚持国际化发展方向，搭建国际交流合作平台，培育发展一批符合首都城市战略定位的自主品牌展会、与首都产业相匹配的特色展会"。

2019年，北京市商务局、北京市财政局、北京海关联合印发《关于促进我市商业会展业高质量发展的若干措施（暂行）》（京商贸发字〔2019〕12号），促进会展业品质提升，提高会展经济效益，推动北京市商业会展业专业化、品牌化、国际化、信息化发展，进一步提高会展业服务首都"四个中心"功能建设的能力。

2020年，积极应对新冠疫情，为会展企业纾困解难，北京市商务局发布《应对新型冠状病毒感染的肺炎疫情影响促进展会发展项目申报指南》，对年内受疫情影响延期在京举办的展会项目，给予一定比例补助，减轻企业负担，促进行业持续健康发展。

二、存在问题

北京市会展业发展仍存在一些问题和短板，实现跨越式发展仍需在扩大会展设施供给、优化空间布局、释放市场潜力、打造服务体系、优化营商环境等方面不断完善和创新。

（一）会展设施规模与空间布局需扩大和优化

北京市单体展览场馆规模尚未达到世界百大商展平均水平。2019年，全球单体展览面积20万平方米以上的大型场馆21家（见图4.5），排名前十的场馆中国有4家，分布在广东、上海、云南（见表4.5），世界商展100大平均展览面积21.95万平方米，从展会承载力看，竞争优势不足，大型展会引进、发展条件受限。

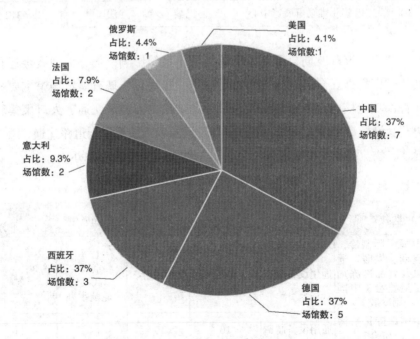

图4.5　2019年全球大型展览场馆国家分布（单体20万平方米以上）

表4.3 2019年全球排名前十的展馆

序号	展馆	城市	国家	室内展览面积/平方米
1	深圳国际会展中心	深圳	中国	500000
2	国家会展中心（上海）	上海	中国	404400
3	汉诺威展览馆	汉诺威	德国	392453
4	法兰克福展览馆	法兰克福	德国	366637
5	米兰展览中心	米兰	意大利	345000
6	中国进出口商品交易会展馆（琶洲馆）	广州	中国	338000
7	昆明滇池国际会展中心	昆明	中国	310000
8	科隆展览中心	科隆	德国	284000
9	杜塞尔多夫展览中心	杜塞尔多夫	德国	261817
10	巴黎北维勒班展览中心	巴黎	法国	246312

"十三五"时期，受单体场馆面积不足等影响，部分大型展会迁移至其他省市举办。会展设施空间布局需进一步优化，现有展览场馆主要分布在首都功能核心区和中心城区，部分场馆给中心城区交通、人口聚集和周边配套设施带来较大压力。距市中心较远的场馆缺乏主干道路连通，酒店、餐饮、物流等相关配套服务不完善，制约大型展览活动举办。

表4.4 北京市流失的大型国际展会

展会名称	行业分类	展会规模/万平方米	移出时间	迁往城市	外迁后展会规模/万平方米
中国国际制冷、空调、供暖、通风及食品冷冻加工展览会（中国制冷展）	通用设备制造	10.71	2019年	上海 重庆 武汉 （轮流举办）	11
中国国际铸造博览会	通用设备制造	10	2019年	上海	11
北京·埃森焊接与切割展览会	电气机械和器材	9.31	2017年	上海 深圳 （轮流举办）	9.6

（二）会议资源需进一步整合

北京市会议业发展缺乏有效统筹，会议资源需进一步整合。作为国际大会及会议协会（ICCA）全球会议目的地竞争力国内排名第一的城市，学术会议和企业会议资源缺乏有效利用，定制化会奖旅游产品单一匮乏，会议目的地宣传推广工作滞后，服务资源整合保障能力有待进一步提高。

（三）会展发展环境有待优化

北京市会展业行业管理和行业促进政策规范需进一步加强完善，新冠疫情常态化形势下的管理和促进措施，需加强形势研判和部门协作。会展业服务促进机制有待进一步健全，高效便捷的工作机制和公共服务平台需要进一步优化。

（四）综合办展成本偏高

在举办展会综合成本要素中，场馆租赁费用、管理服务费、安保服务费为主要办展成本要素。其中，场馆租赁费用、管理服务费还有优化空间，办展安保成本较其他城市缺乏竞争力。北京市综合办展成本有待进一步降低。

三、面临形势

我国发展仍处于重要战略机遇期，在构建国内国际双循环的新发展格局中，随着"一带一路"建设深入推进和《区域全面经济伙伴关系协定》（RCEP）的签署，以及北京市建设国际科技创新中心、国际交往中心、国际消费中心城市，"两区"建设、数字经济、以供给侧结构性改革引领和创造新需求、深入推动京津冀协同"五子"联动发展，为北京市会展业发展带来新机遇。

当今国际环境日趋复杂，经济全球化遭遇逆流，世界进入动荡变革期，不稳定性不确定性明显增加，新冠疫情影响广泛深远，国内区域竞争和会展资源的争夺日益加剧，北京市会展业发展也面临提质升级新挑战。

"十四五"时期，中国正由会展大国向会展强国迈进。北京市会展业将进入深度融合、提质升级的关键期，需深刻认识所面临的复杂变化，增强机遇意识和风险意识，在全面深化改革开放、营造良好发展环境上下功夫，进一步激发会展业发展活力，增强发展动能，推动北京市会展业高质量跨越式发展。

第二章　总体思路

一、指导思想

以习近平新时代中国特色社会主义思想为指导，深入贯彻党的十九大和十九届历次全会精神。坚决贯彻落实党中央、国务院和市委、市政府一系列重大决策部署，立足新发展阶段、贯彻新发展理念、构建新发展格局，牢牢把握会展工作特性，增强机遇意识和风险意识，准确识变、科学应变、主动求变。以推动北京市会展业高质量发展为主线，坚持"国际化、品牌化、专业化、市场化、信息化、绿色化"发展方向，加快基础设施建设，优化空间布局，推动产业融合，培育首都会展品牌，加强人才培育，完善会展促进体制机制，营造会展发展良好环境，提升北京市会展业服务"四个中心"功能建设的支撑能力，打造具有全球影响力的国际会展之都。

二、基本原则

（一）服务首都功能

立足首都城市战略定位，完善国家政务活动和重大国事活动的会展设施，培育引进与首都功能相匹配的科技、文化、服务贸易等领域品牌展会，不断提高首都会展的国际影响力和辐射力，持续提升会展业服务首都"四个中心"功能建设的承载力。

（二）强化市场主导

充分发挥政府管理部门、行业协会、会展企业等各方作用，进一步规范会展市场秩序，激发市场主体创新发展活力，提高要素配置效率。加强战略和规划引导，完善产业政策，优化发展环境。

（三）坚持融合发展

在产业融合上，充分发挥会展业的整合平台作用，推进会展业与战略性新兴产业、未来产业、服务业等重点产业领域融合发展，推动产业优化升级。在区域整合上，抓住京津冀协同发展的战略机遇，持续推进京津冀会展业协同发展，共同打造具有国际影响力的品牌展会。同时，强化会议和展览融合发展，通过展会期间举办专业论坛、新产品新技术发布会和专业会议上增设展览展示的形式，促进前沿产品和技术的展示及交流，实现以展带会、以会促展。积极构建会议展览、奖励旅游、节庆论坛、体育赛事及文化交流活动等多业态融合的"大会展"市场格局。

（四）加强科技支撑

引导企业运用科学技术开展服务创新、管理创新、市场创新和商业模式创新，举办线上会展，形成线上线下融合发展新模式。推动科学技术在会展业的应用，鼓励场馆提升科技含量与信息化水平，推动运营智能化、管理智能化、服务智能化、基础设施智能化建设。推动数字展会服务平台建设，实现实体展览与虚拟展览、线上线下交易之间的互补。推进展览场馆和展览企业信息共享，促进企业互动、场馆联动，实现创新发展。

（五）推动绿色发展

积极倡导会展业节能、环保、绿色办展，在场馆设施、展会组织、展示设计、展台搭建及展会服务等环节创新应用节能环保、可重复利用的展览材料和产品。鼓励绿色技术创新，促进绿色布展参展常态化，推动绿色服务在展览领域安全高效利用，持续推进会展业绿色可持续发展。

三、发展目标

（一）总体目标

"十四五"期间，会展及配套设施布局优化、供给有效改善；会展促进服务机制完善、营商环境良好；形成一批具有国际影响力市场主体和会展品牌；服务"四个中心"功能建设承载力显著提升。到2025年，基本建成具有全球影响力的国际会展之都。

（二）预期目标

1. 收入增长目标：持续推动北京会展收入增长，"十四五"时期，会展收入保持年均5%以上速度增长，其中会议收入年均增速6%左右，展览收入年均增速4%左右。[1]

2. 布局规划目标：构建以"两轴"为核心，"双枢纽"为节点，"多点"区域特色化新发展格局，[2] 全市会展业发展空间布局更加优化均衡。到2025年，新增1~2个单体展览面积20万平方米以上的展览馆，全市室内展览总面积超50万平方米。助力实现全市展览面积达到100万平方米的远期目标。

3. 办展办会目标：鼓励市场主体培育引进一批国内外具有较强影响力的大型品牌展会项目，积极申办一批国际组织的大会、年会和大型高端国际论坛，举办一批有国际影响力的节庆赛事活动，北京市会展业的国际影响力显著提升。绿色办展、科技办展水平明显提升。

---

[1] 考虑到新冠疫情对会展业冲击较大，许多会议展览被迫停办或缓办，北京会展收入未来增长的不确定性大大增加，综合各方因素考虑，会展收入目标增速与"十三五"时期年均5%的目标增速基本保持一致。

[2] "两轴"即北京中轴线及其延长线、长安街及其延长线；"双枢纽"即首都国际机场、大兴国际机场片区；"多点"即顺义、大兴、亦庄、昌平、房山等城市新区及门头沟、平谷、怀柔、密云、延庆等生态涵养区。

第三章　主要任务

一、立足首都功能定位，提升服务"四个中心"功能建设能力

（一）做好重大国事活动保障，服务政治中心功能

围绕政治中心功能完善重大国事活动常态化服务保障机制，健全国家重大活动专业化、制度化服务保障相关规章及配套政策。持续提升重大主场外交活动和高端国务政务活动的服务保障水平和能力，打造专业化的综合服务集团，培育首都重大国事活动服务品牌。高标准完成"一带一路"国际合作高峰论坛等主场外交活动以及中国－中东欧国家首都市长论坛、首都商会会长圆桌会议等重要活动服务保障任务。

（二）更高水平建设"三平台"，促进国际交往功能

围绕国际交往中心功能持续提升中国国际服务贸易交易会国际化、市场化、专业化水平，深化与国际组织合作，组建全球服务贸易联盟，逐步扩大展会国际化水平，数字化交易服务平台和线上展会平台，做强做优服贸会品牌，打造全球最具影响力的服务贸易展会。擦亮中关村论坛"金字招牌"，进一步提升论坛的国际化、权威性、影响力，持续打造面向全球科技创新交流合作的国家级平台。全面提升金融街论坛的国际影响力和专业性，将其打造成国家金融政策权威发布、中国金融业改革开放宣传展示、服务全球金融治理的对话交流平台。

专栏二：更高水平建设"三平台"

1. 中国国际服务贸易交易会

坚持共商共建共享的全球治理观，瞄准世界经济前沿，搭建全球服务贸易展示、交流、洽商、合作平台，全力打造服务国家开放发展的中国国际服务贸易交易会，链接全球尖端资源，深入拓展战略性合作，发出中国声音、提出中国方案。推广"线上＋线下"办展办会新模式，支持一批"云端会展"，把永不落幕的云上服贸会打造成靓丽品牌。组建全球服务贸易联盟，引进一批国际知名会展及机构。实现更多务实服贸合作成果落地。将服贸会打造成为全球服务贸易发展的风向标和晴雨表、扩大对外开放和拓展对外交往的新平台、促进国际贸易发展和世界经济增长的新载体、完善全球经济治理体系和构建人类命运共同体的新渠道。

2. 中关村论坛

坚持高端前沿引领，打造全球性、综合性、开放性科技创新高端国际论坛。围绕科学、技术、产品、市场交易全链条创新，发布一批具有世界引领性的尖端科技成果、科技政策、研究报告，形成顶级交流、全球交易、高水平展示品牌，搭建创新思想新理念的交流传播平台、新科技新产业的前沿引领平台、新技术新产品的发布交易平台、创新规则和创新治理的共商共享平台。

3. 金融街论坛

围绕全球金融监管、金融开放、金融治理和金融科技等领域，开展高峰对话，发布重要金融改革开放政策，促进中国金融业与国际金融市场联通。深入研讨共同应对全球金融风险挑战，参与国际金融体系改革，着力打造国家金融政策权威发布平台、中国金融业改革开放宣传展示平台、服务全球金融治理对话交流平台，持续提高北京在国际金融秩序构建中的地位和国际金融规则话语权，提升在全球金融市场中的资源配置能力。

（三）促进文化类展会发展，推动文化中心功能

围绕文化中心功能打造全国文化类会展高地，加快推动文化类会展发展，推动文化产业和会展产业深度融合，依托各类博物馆、美术馆、科技馆等文化场馆优质资源和文创园区资源，加强联动策划，精心开展丰富多彩的展览展示活动，做强文化创新创意类会议和展览品牌。

专栏三：文化产业和会展产业融合发展举措

1. 通过北京国际电影节、北京电视节目交易会、北京纪实影像周、北京国际公益广告大会、中国国际视听大会、北京媒体融合发展大会等品牌活动，加大对北京优秀原创影视剧目宣传推介力度，促成国际重大影视合作项目落户北京。

2. 将中国（北京）演艺博览会等打造为国际一流演艺品牌活动，促进演艺行业交流发展。举办北京国际电竞创新发展大会、电竞品牌赛事和国际网络游戏节展活动，搭建集成果展示、行业交流、互动体验等功能于一体的产业平台，提升品牌影响力。

3. 办好北京国际旅游商品及旅游装备博览会、北京国际旅游节、北京长城文化节等活动，提升品牌国际影响力。办好北京·中国文物国际博览会等品牌活动，扩大艺术品消费。

4. 发挥广告对会展经济的拉动提升作用，吸引国际知名广告活动在京举办，实现会展业和广告业双促进双提升。

（四）做大做强科技类会展，提升科技创新功能

围绕科技创新中心功能打造全国科技会展前沿高地，强化科技原始创新功能，打造国际学术论坛高地，与新兴科技创新主体加强合作，提升新兴产业和高技术产业展会的品牌影响力和国际化程度。瞄准新一代信息技术、医药健康、新能源智能网联汽车、智能制造、航空航天、绿色能源与

节能环保等前沿领域，培育和吸引具有国际品牌影响力的前沿科技展会在京举办，促进行业交流和科技转化。

二、优化空间布局，加强会展设施建设

（一）构建均衡发展空间

顺应首都会展业未来发展需求，推进首都国际机场、大兴国际机场"双枢纽"地区重点会展场馆及配套设施建设，打造组团式会展综合体，形成首都两大会展产业集聚区。规划建设好西部新首钢会展片区和东部城市副中心会展服务设施。完善雁栖湖国际会都配套功能，推进国家会议中心、北京展览馆、全国农业展览馆、中国国际展览中心、北人亦创国际会展中心等现有片区场馆丰富设施功能，优化场馆服务，提高运行效率。结合各区自然资源禀赋，融合康养、旅游、奖励、运动健身、休闲度假等产业元素，积极发展"专、特、精、新"等特色会展。

（二）加快顺义区会展设施建设

加快推进顺义新国展二期会展场馆及配套设施建设工作，建设高端会展要素集聚、功能完善、配套完备的组团式会展综合体，有效满足"十四五"时期北京市会展业在大型国际展会及高端会议论坛的空间和服务供给要求。完善场馆周边住宿、餐饮、购物、娱乐、旅游、交通等服务配套设施建设，提升综合服务水平，推进会展与临空经济融合发展，打造以新国展会展综合体为核心的高标准国际会展集聚区。

（三）推进大兴国际机场会展设施规划建设

加速推进大兴国际机场临空经济区国际会展中心的规划建设。高效有序完成大兴机场专业会展场馆及配套设施的规划设计相关工作，建设以高端会展、国际航空、商务服务为核心载体的会展消费融合联动的高端国际消费功能区，系统构建"空港—临空—腹地"串联辐射的国际消费圈层新体系。打造首都南部"新国门会客厅"，为建设成京津冀区域国际高端交流展示综合体，培育和吸引更多国际品牌展会项目落户北京提供优质硬件平台。

（四）改造升级会展设施

支持会展场馆进行智能化、信息化、绿色化、生态化改造升级，建设智慧场馆。完善场馆周边交通、物流、餐饮、住宿、娱乐等公共设施条件和相关配套产业的基础设施建设。有效推进腾退空间、老旧厂房、商业设施等存量资源的转型利用，打造特色会展设施，丰富特色会展场馆的服务设施供给体系，满足特色会议、小型展览对场馆的个性化需求。

三、突出首都特色，强化品牌战略

（一）持续发展具有国际影响力的品牌展会

立足首都城市战略定位，聚焦"两区"建设和国际消费中心城市建设，加强与国际会展组织的密切交流和合作，充分发挥商协会、高校及科研机构、北京市骨干会展企业作用，积极策划筹办科技创新、文化创意和数字经济、服务贸易以及生物医药、生态环保等领域的重大国际会展项目。巩固信息通讯、工程机械、交通运输、健康养老、金融、建筑建材、家居装饰、日用消费等现有会展项目，做大做强世界机器人大会、中国国际机床展览会、北京国际汽车展览会、北京国际印刷技术展览会、北京国际图书博览会等品牌展会，大力提升国际影响力。

（二）聚焦发展高端国际会议

把握"两区"建设有利时机、抢抓 RCEP、CPTPP、中日韩自由贸易协定和"一带一路"建设发展机遇，加强与相关国家和地区的多边合作，打造一批科技和文化领域的合作发展论坛、峰会、研讨会，为全球贡献"中国智慧"，提出"北京方案"。积极申办国际组织年度大会和国际协会会议，争取在京设立永久会址。吸引国际学术组织在京举办年会、论坛、研讨会、学术交流会等各类学术交流活动，打造国际学术会议高地。进一步加快会议及配套设施建设，提升星级酒店、国际品牌酒店、特色活动场地等住宿、餐饮、购物、休闲娱乐服务水平。

（三）大力丰富节庆赛事活动

积极发展具有全球影响力的国际文化节庆、品牌赛事活动。举办历史文化名城论坛，打造全球文化交流平台。持续办好北京国际电影节、北京国际音乐节、中国（北京）国际视听大会、世界剧院北京论坛、北京国际时装周、北京国际设计周等文化节庆品牌活动。抓住冬奥会契机，培育具有国际影响力的冬季运动赛事，积极申办重大国际体育赛事，办好2023年亚足联亚洲杯北京赛区活动和比赛。深挖时尚消费和流行文化潜能，打造一批电竞、动漫、国潮、极限运动等深受年轻消费人群喜爱的精品节庆活动。

（四）搭建"会展＋消费"新发展模式

以北京培育建设国际消费中心城市为契机，依托首都国际机场和大兴国际机场"双枢纽"区位优势，积极推进"会展＋商业综合体"建设，超前谋划，科学合理布局吃、住、行、娱、购等配套设施，创新"会展＋消费"融合的产业和商业综合集群开发模式。打造拉动首都经济增长的新载体、新引擎，促进会展消费联动发展。吸引培育符合北京消费市场需求的消费类品牌展会，发挥新品发现功能，促进新产品、新模式落地，充分释放本市消费潜力，集聚更多高端消费资源，引领全球消费趋势。

专栏四：会展消费扩容提质行动

1. 加快补齐设施短板。推进顺义和大兴重点会展场馆及配套设施建设，完善周边住宿、餐饮、购物、娱乐等消费功能，打造组团式会展综合体，提升本市大型国际展会承载能力。完善雁栖湖国际会都配套功能，推进北京展览馆、全国农业展览馆、中国国际展览中心等现有场馆硬件设施智能化、信息化改造，丰富设施功能，优化场馆服务，提高运行效率。推动腾退空间、老旧厂房以及存量商业设施转型利用，建设专业特色场馆，满足特色会议、小型展览对场馆的个性化需求。

　　2.提升品牌展会辐射带动效应。积极培育数字经济、装备制造、人工智能、集成电路、医药健康、新材料、新能源汽车等高精尖领域的展会项目，促进相关领域新产品、新模式落地。鼓励本市企业、行业协会等办展机构开展国际合作。聚焦解决展会成本等问题，吸引国际品牌展会来京举办。加快会展业数字化转型升级，积极应用5G、大数据、人工智能等技术，推动会展业线上线下融合发展。有效利用医美、康养等领域的展会平台，加强与行业知名企业对接，吸引其在京落地。

四、培育龙头企业，壮大市场主体

（一）培育具有全球竞争力的会展龙头企业

　　鼓励支持大型骨干展览企业通过收购、兼并、控股、参股、联合等形式组建国际展览集团。重点培育竞争力强、覆盖面广、示范引领作用大的龙头企业，提升组展办展和组织国际活动的能力水平；鼓励加入国际展览业协会（UFI）、国际展览与项目协会（IAEE）、国际大会及会议协会（ICCA）等国际知名会展机构并加强交流合作，增加北京市经国际组织认证的会展机构数量和项目数量，提高国际竞争力。持续打造重点市属旗舰型会展企业，增强企业专业化、国际化竞争力，提高办展办会规模、提升办展办会质量。鼓励优质中小企业专业化方向发展，在产业细分领域扶持一批以"专精新"为特点的龙头企业。

（二）引导会展企业聚集发展

　　完善以会展企业为龙头的交通物流、信息通信、金融、会奖旅游、餐饮住宿、广告策划、创意设计、现场服务等会展活动支撑服务体系，引导相关服务企业以会展场馆为中心集聚发展，打造专业化的配套服务聚集区，提升服务效率。加强与国际组织和知名会展企业的交流合作，鼓励来京组建研究机构、合资公司，引进国内外知名会展公司项目资源和管理经验，提升运营效益。

五、提升创新效能，完善服务体系

（一）推进会展业绿色发展

推动专业研究机构和会展领军企业共同参与制定绿色会展相关标准和规范，建立健全绿色会展的技术指标体系，发挥引领示范作用。鼓励支持会展企业在展会组织、展示设计、展台搭建及展会服务等环节创新应用节能环保、可重复利用的展览材料和产品，实现展览业绿色可持续发展。

（二）加强会展业智慧化建设

适应新一代信息技术变革，鼓励支持会展场馆、会展企业积极运用大数据、5G、物联网、云计算、AR/VR等先进技术，建设智慧化场馆，进一步推动北京市会展业数字化转型升级。创新服务模式，变革组展办会模式，鼓励和支持线上线下办展办会，用数字化新技术为服贸会等知名展会赋能。支持"云上服贸会"等一批云展会品牌。

（三）提高会展管理服务水平

积极推进会展业立法，规范相关主体法律责任和政府部门职责分工，明确规范和促进会展业发展的措施。健全会展活动常态化服务保障机制，提高会展服务效能。探索办展办会审批备案的便利化措施，力争实现"一网通办"。进一步推动144小时过境免签、APEC商务旅行卡等政策实施落地，为海外参展参会人员提供签证便利。借鉴冬奥会智慧通关服务模式，进一步优化展品出入境监管方式，提高展品通关效率，引导、培育重点企业成为海关高信用企业，适用海关通关便利措施。有关部门依法加强对会展活动的安全监管和指导服务，提高安全办展办会水平。发挥行业组织作用，提高行业自律水平。建立展览业信用档案和违法违规单位信息披露制度，推动部门间监管信息的共享和公开，褒扬诚信，惩戒失信。鼓励社会公众参与监督。持续强化会展业知识产权保护和监管，进一步完善健全会展品牌保护机制。

第四章　保障措施

一、强化组织保障

加强各区、各行业主管部门、协会的组织领导，结合区域特色、行业发展重点，积极支持筹办本区域、本行业重点会展活动，打造差异化、特色化的会展活动，促进产业和会展良性互动、融合发展，推动优势产业发展。会展行业主管部门加强统筹协调，完善联动服务体系，在重大国际会议、展览、大型活动筹备和举办期间，专题协调调度，解决各种实际问题，提升大型会展及活动的组织协调和公共服务水平。

二、加强政策支持

结合会展业发展的阶段性特征，统筹加大政策支持力度，有针对性地支持重点项目引进和重点场馆建设改造，支持企业在项目培育和引进、技术创新、土地资源和场馆建设供给等方面的融资需求，鼓励优质企业挂牌上市。落实支持会展业企业发展的税收优惠政策以及大型展会举办期间商品进口及销售减免关税等财税政策。

三、改善金融保险服务

鼓励金融机构在现有业务范围内，按照风险可控、商业可持续原则，创新适合会展业的金融产品和信贷模式，探索会展知识产权质押等多种方式融资，进一步拓宽会展主体的融资通道。完善融资性担保体系，加大担保机构对会展企业的融资担保支持力度，鼓励保险机构推出适合会展行业的保险险种。

四、加强会展人才和智库建设

鼓励职业院校、高校按照市场需求设置专业课程，加强会展专项人才和高级人才的教育培养。鼓励北京市会展企业与会展院校、研究机构、行业协会等开展多种形式的合作，培养适应会展业发展需要的专业人才。加强与国际组织和知名会展企业的交流合作，强化行业发展规律和市场变化趋势的前瞻性研究，打造新时代会展业智库建设新高地。

五、优化会展业营商环境

搭建展览业公共服务平台，整合信息发布、宣传推介、业务咨询等功能，实现政府、协会、企业信息共享和良性互动。健全中介服务体系，积极促进规范运作的专业化行业组织发展。完善行业诚信体系，引导企业依法经营、诚信办展、规范服务。提升行业服务管理水平，规范会展业健康有序发展。

关于促进本市会展业高质量发展的若干措施

北京市发展和改革委员会 北京市商务局
京发改〔2023〕1112号

会展是落实首都城市战略定位的重要载体，是构建现代市场体系和开放型经济体系的重要平台，是连接生产与消费、供给与需求、国际与国内的重要桥梁。为进一步增强会展业引领消费、拉动产业、促进投资、便利贸易的重要功能，持续扩大会展业的综合带动效应，实现会展业高质量发展，特制定以下具体措施。

一、服务发展大局，培育与国家战略相契合的品牌展会

1.拓展"三平台"展会功能。进一步挖掘和拓展中国国际服务贸易交易会（以下简称服贸会）、中关村论坛和金融街论坛"三平台"孵化、培育品牌展会的功能，推动高端会议与品牌展会联动发展，强化"以会带展、以展促会"。创新服贸会办展模式，立足展馆特色优势，丰富"1+N"多馆联动办展形式和内容，积极培育壮大服贸会文旅服务、健康卫生服务、电信、计算机和信息服务等专题展览，做大做强展示交易平台，扩大境内外参展商和采购商规模，进一步增强服贸会的影响力和带动力。拓展中关村论坛、金融街论坛展览功能，高水平办好中关村论坛展览（科博会），促进前沿产品和技术展示及交流，孵化培育信息技术、医疗健康、金融科技等品牌展。

2.谋划打造展会新平台。依托怀柔科学城打造国际基础科学论坛、未来科学城打造国际能源转型发展论坛、城市副中心绿色交易所打造国际气候变化和碳减排论坛，持续提升全球数字经济大会国际影响力，同步培育与论坛相匹配的专业品牌展，打造更多具有国际影响力的论坛展览。

3. 培育服务国际交往的品牌展。服务保障好国家重大外事活动，在重大活动筹办期间，加强与中央在京单位、使领馆对接，积极协助场馆方、展会主办方与国外经贸团队对接交流，筹划在京举办消费类、工业展等展会。积极组织本市相关部门、企业与国外经贸团队洽谈，推动经贸投资合作。

4. 服务京津冀协同发展。服务京津冀产业链强链、补链、优链，围绕新能源、智能网联汽车、工业互联网、集成电路、生物医药、电力装备等领域，谋划一批细分行业领域展会，面向海内外开展产业链联合招商。服务构建京津冀"产学研用"科技创新链，谋划举办相关领域高峰论坛，支持本市企业在京津冀三地举办系列巡回展，推动在京津、京保石、京唐秦"三轴"落地一批项目。深化京津冀三地会展信息交流，以服贸会、中国·天津投资贸易洽谈会暨PECC国际贸易投资博览会、中国·廊坊国际经济贸易洽谈会等重要展会为平台，加强京津冀三地资源共享与交流合作。继续办好京津冀国际贸易投资洽谈会、京津冀石墨烯大会、北京通州·河北廊坊北三县项目推介洽谈会、京津产业交流合作对接洽谈会等活动。

二、赋能城市发展，提升符合首都功能定位的展会能级

5. 积极引进国际会展高端资源。充分发挥国家行业协会、本市会展行业协会等行业组织作用，支持本市会展企业与国际展览业协会（UFI）、国际大会及会议协会（ICCA）、国际展览与项目协会（IAEE）等国际知名会展组织和国际头部展览企业开展深度合作，培育引进符合首都功能定位的国际知名展会落户。

6. 提升本市会展主体市场竞争力。鼓励本市会展企业采取国内外合作、收购兼并等模式增强组展实力，支持打造具有国际竞争力的会展集团，大力吸引高水准国际化会展上下游配套市场主体，积极培育本市自主品牌展会项目。支持本市会展企业与国际、国内知名会展企业建立合作机制，积极参与和开拓海外会展项目，通过在境内外联合参会参展、联合办会办展、联合推广等方式做大做强。

7. 推动会展与产业融合发展。聚焦新一代信息技术、医药健康引领支柱产业和集成电路、智能网联汽车、智能制造与装备、绿色能源与节能环

保、区块链与先进计算、科技服务、智慧城市、信息内容消费特色优势产业，发挥会展促进城市对外交往、深化国际经贸合作、服务创新成果展示、拓展产业发展空间的功能，培育壮大智能网联汽车大会、医疗仪器设备展会、世界机器人大会、世界5G大会、国际风能大会、国际信息通信展览会等一批与主导产业方向高度契合的国际化、品牌化展会，持续做强中国国际汽车用品展览会、中国国际机床展览会、中国国际供应链促进博览会等重要展会，鼓励展会期间举办各类新产品新技术发布会和品牌推介活动，宣传推介本市重点商圈、特色餐饮集聚区、老字号、旅游观光、文化街区、产业园区等游购娱体验线路及商务考察项目，服务参展企业、专业观众与本市企业加强经贸投资合作，促进会展与相关产业融合发展。

8. 培育"会、展、节、演、赛"综合性活动。围绕影视、音乐、游戏、动漫等领域，以及文艺、体育等节庆赛事，加强与行业协会、俱乐部、专业公司的对接合作，培育一批动漫、国潮、极限运动等深受年轻消费人群喜爱的精品综合性活动。办好北京国际电影节、北京国际音乐节、北京国际时装周、北京国际设计周、中国网球公开赛、国际滑联短道速滑世界杯、国际滑联花样滑冰大奖赛等重要节庆赛事，谋划开展专场发布、专项展览、设计大赛、专题论坛、颁奖盛典等综合性活动，深挖流行文化、时尚体育、潮流消费等潜能。

9. 激发消费活力。依托珠宝展、家博会、美博会、婚博会等展会平台，吸引服装、首饰、美妆、珠宝、文创、科技等消费品类的国内外品牌首发首秀。推动中国国际汽车用品展览会、北京国际礼品展览会、北京国际酒业博览会等一批展会与网络直播促销等消费季活动合作互动、相互赋能，增强会展与商业街区、电商平台等融合发展。

三、提升硬件水平，推进会展场馆及配套设施建设

10. 高水平规划建设会展场馆。鼓励高起点、高标准、高质量规划产城融合、产城一体的"会展+"片区，加快推进顺义新国展二期会展中心建设。适应会展业链条化、融合式发展趋势，对标国内外会展业发达城市，坚持低碳、环保、绿色理念，加快推进大兴国际会展中心规划建设，稳步提升

本市承接大型品牌展会的硬件设施能力。

11. 提升场馆数字化水平。支持现有场馆进行智慧化改造升级，完善5G分布系统建设，实现5G全覆盖，拓宽联网带宽，满足大流量、5G+8K线上线下同步办展需求。支持场馆建设智慧管理平台，实现运营、设备、财务、安保、人员、能源等一体化管理，提升场馆运营效率。支持在建和新建场馆在规划、建设和运营中，布局新一代信息技术基础设施，运用物联网、人工智能、数字孪生（BIM技术）等信息技术，打造数字化、智能化场馆。

12. 优化提升新国展交通通达性。加快京密高速二期建设，新增天北路、安华街和安宁大街三处进出匝道，实现快速进出京密高速公路，减少展会期间拥堵。研究加强首都机场、新国展与中心城区的轨道交通联系。优化公交服务，适当增加展馆临时上客点和展馆周边公共交通供给。结合实际需求及条件，研究开设展馆至轨道交通快速接驳线路的可行性。完善交通组织和停车方案，充分利用周边闲置场地和停车设施作为办展期间的货车轮候区和停车场。

13. 合理规划建设大兴国际会展中心周边交通设施。构建多向集散的客货运交通组织，推进大兴机场北线高速等周边重要道路节点的建设和提升改造，加快磁大路改扩建、青礼路新线等周边路网建设。在大兴国际会展中心场地周边设置一级货运轮候区，在场地内设置二级货运轮候区，便于展商运送展品。

14. 提升会展配套服务功能。坚持高端化、品质化，加快新国展三期配套设施建设。支持新国展引入品牌化、便利化配餐设施，鼓励老字号餐饮企业进驻场馆，畅通新国展与周边商业设施的连接，方便办展期间人员就近用餐购物。高标准规划建设大兴国际会展中心、国际消费枢纽，科学安排项目建设时序，实现项目间的联通、联动和共享，打造集购物、免税、娱乐、商务、酒店、体育、艺术、休闲等功能于一体的国际交往新空间。

四、强化政策创新，优化会展业发展环境

15. 精简展会审批流程。编制大型展会集成审批事项清单，实行动态管

理。压缩展会活动各环节审批审核时限，全面推进本市大型展会活动"一件事"集成办事场景建设，实现"一套材料、一表申请、一口受理、一窗出件"。

16. 细化完善展会审批标准。细化明确不同类型、不同规模展会的安保人员数量配备标准，指导场馆结合展会参与人员数量、活动规模，提出安保人员数量和安保设施配备意见。

17. 规范展会现场监管。鼓励经常举办展会的场馆，将活动所用安检大棚、常用安检器材等相关安保设施，作为场地方提供服务的必备硬件，提供主承办单位使用。进一步压实主承办方、场地方、设计方、搭建方各方安全主体责任，落实安全责任制。规范对安全风险评估、安保、消防技术服务机构等第三方机构的管理，充分发挥市场竞争的作用，给予办展企业更多选择权。

18. 加大对会展业金融支持。鼓励本市会展企业发起设立会展产业投资基金，重点支持场馆建设运营、展会资源整合、展会品牌孵化。创新适合会展发展特点的金融产品和信贷模式，推动开展展会知识产权质押等多种方式融资，进一步拓宽办展机构、会展服务企业和参展企业的融资渠道。支持符合条件的会展企业在全国股转系统挂牌、在北京证券交易所上市。

19. 制定促进会展业发展奖励政策。支持本市商业会展提高经济效益，推动会展业品牌化、专业化、国际化、数字化发展，提升会展业与产业发展融合度，对于获得 UFI、ICCA 等国际展览机构认证的会展项目等给予奖励，坚持务实、便利的原则，细化明确奖励标准、奖励范围、申报流程和所需材料。鼓励场馆属地区政府出台支持会展创新发展的政策。

20. 提升参展便利化水平。积极争取海关支持，便利"展转销"，对于列入跨境电商零售进口商品清单且符合条件的进境展品，可按照跨境电商网购保税零售进口商品模式销售。简化进出境手续，便利展品展后处置，支持保税展示展销常态化。对服贸会等重点展会设置绿色通道、进境展览品报关专用窗口和查验专用通道，优先办理申报、查验、抽样、检测等海关手续，实行即查即放。

五、加强组织保障，构建优质高效服务体系

21. 加强会展服务统筹调度。依托国际会展专项工作组，加强统筹协调，市区两级形成合力，对重点品牌展会及培育引进展会加强指导和服务，定期与会展场馆及主办方沟通联系，建立服务事项台账，协调解决展会筹办过程遇到的重大问题，推动项目落地实施；加强市、区两级行业主管部门、行业协会、展览场馆协调联动，鼓励各区充分结合各自主导产业、特色园区，培育精品展会；鼓励发展第三方策展机构，主动为会展举办单位提供一站式全方位服务，提升设计搭建、物流运输、租赁服务、媒体广告等会展上下游配套功能，形成行业配套、产业联动、运行高效的会展服务体系，增强产业链上下游企业协同能力。

22. 优化展会服务保障。强化会展环境卫生服务保障，对于布展、开展、撤展期间产生的生活垃圾，压实主体责任，组织各区行业管理部门加大指导服务，确保及时、规范处置。完善接诉即办考评办法，分类处理因办展而产生的各类诉求。在大型国际展会期间增加公共交通运力，对于5万平方米以上的展会，根据交通运输需求，加强公交、地铁运输服务保障。加强对展会期间周边住宿、餐饮等价格执法。加强展会知识产权保护工作，为展会主办方提供知识产权保护绿色通道和知识产权志愿者服务，对重大展会设立知识产权保护办公室（工作站）。协调高校对接志愿者资源，为注册志愿者提供意外伤害保险等。

23. 加大对会展的宣传和推介。对于重点品牌展会、重点培育展会项目，加强与主流新闻媒体、社交媒体、垂直媒体等的对接，加大展会宣传推广力度。支持会展企业与视频平台合作，线上线下相融合，拓展受众面。加强舆情监测与引导。开展城市会展形象宣传推介。

24. 鼓励引进和培育会展专业人才。鼓励场馆方和本市会展企业引进培养高层次会展策划、项目管理、设计营销、宣传推广等专业人才。支持开设会展相关专业的院校与会展企业开展合作，培养高端复合型会展人才，开展从业人员管理、服务规范、专业实习等实践培训。

北京市顺义区鼓励会展产业集聚发展扶持办法（试行）

第一章　总则

第一条　为促进顺义区会展业健康发展，加快推进顺义国际会展商务区的建设，构建会展经济生态体系，根据相关法律、法规的规定，结合顺义区实际，制定本办法。

第二条　本办法所指鼓励会展产业集聚的奖励资金由顺义区财政局提供保障，资金主要用于优化顺义区会展活动结构、构建会展经济生态体系，重点奖励在顺义举办的具有国际影响力，且在全国具有示范引领作用的"专业展、新兴展、国际展"，鼓励优质的会展企业及关联服务主体集聚。

第三条　资金的管理使用，应符合国家、北京市和顺义区会展业发展要求及规划，坚持"公开公平公正、扶优扶强扶新"的原则，重点突出、专款专用、绩效评价，充分发挥财政专项资金对会展业的引导和激励作用。

第二章　资金奖励条件

第四条　奖励资金扶持对象要求依法注册和依法经营，扶持对象包括展会活动主办方或承办方、会展机构与相关会展企业、展馆运营机构、第三方服务机构等市场主体，其中展会活动主办方或承办方举办的展会项目要求按规定经商务部、贸促会、北京市商务局等主管部门审批备案；第三方服务机构要求具有为其他城市引进展会活动的成功经验。

第五条　有下列情况的会展项目及市场主体不适用于本办法：

（一）当年已获得市、区级财政资金奖励的会展项目；

（二）由政府部门出资主办的会展项目；

（三）在"信用中国"网站上记录严重违法失信的市场主体。

第三章　支持举办高品质综合展会

第六条　支持举办有国际影响力的大型品牌展会

对于在航空、汽车等高端制造业、临空经济、"两区"建设、国际消费中心城市建设等重点领域具有国际影响力和创新引领示范作用，且面积达到 2 万平方米以上的"专业展、新兴展、国际展"，按照 30 元 / 平方米的标准，给予一次性奖励，最高奖励金额 600 万元。同一展会项目最多奖励 3 届，同一市场主体同一题材展会项目，每年只能就一项奖励内容申请一次奖励资金。

专业展认定标准为：在国家行业协会、商务部、贸促会等对外统计报告中展览面积位列全国前三的一类行业主题展会项目；取得国家级评选的行业排名前三的展会项目以及推动经济社会发展重点领域的展会项目。新兴展认定标准为：聚焦新一代信息技术、生物技术、新能源、新材料、高端装备、新能源汽车、绿色环保以及航空航天等领域的展会项目；独角兽、隐形冠军等创新型企业参展商数量超过 50% 的展会项目。国际展的认定标准为："世界商展百强"品牌展会及其子品牌展会；形成国际订单金额比例超过 30% 的展览项目。

第七条　培育符合首都城市功能定位的特色展会

对于以现代服务、科技创新、文化创意等北京特色产业为主题，展览面积达到 2 万平方米以上且较上届增幅超过 50% 和 100% 的展会项目，分别给予 30 万元和 50 万元奖励。

第八条　支持会展项目申报国际认证

对于在顺义区举办并成功取得国际知名会展行业认证的展会项目，给予 10 万元一次性奖励。对于将顺义区定为永久会址且每届活动间隔不超过 3 年的展会项目，给予 30 万元一次性奖励。

第九条　鼓励第三方服务机构参与引展

对于第三方服务机构利用自身优势，帮助引进列入"世界商展百强""商务部引导支持展会名单""中国展览数据统计报告（前 100 名）"且展览面积不低于 2 万平方米的展会项目，分别按照 50 万元、30 万元和 10 万元给予项目引入第三方服务机构一次性奖励。

第四章　鼓励会展业态和模式创新

第十条　鼓励展 – 会融合发展

对于在具有国际创新引领示范作用的"专业展、新兴展、国际展"期间在顺义同期举办的高端论坛、研讨会、发布会、路演等配套活动，单日单场参加人数超过 500 人或境外参会人员（含港、澳、台地区）占比 20% 以上的，按照活动场地租金、会场布置、宣传、住宿等费用的 30% 进行补贴，每个展会项目每年只能申请一次补贴，最高补贴资金 50 万元。

第十一条　支持发展"互联网 +"模式展会

对于展会活动主办方或承办方运用现代数字技术手段，整合现有展会资源，依托线下品牌展会创办网络虚拟展会的（展示形式包括但不限于云展会平台、虚拟展台、直播服务等），按照网络虚拟展会投资金额的 20% 给予活动的主办方或承办方补贴资金，单个项目最高补贴 30 万元，同一展会活动每年只能由一个相关主体申请补贴。

第十二条　支持发展保税展览展示

对于在海关特殊监管区域内举办经属地管理机构审批同意的保税展览、展示活动，按展示面积达到 500 平方米、1000 平方米，分别给予 10 万元、20 万元奖励。同一主体同一品牌的保税展示活动，每年仅能申请一次奖励资金。

第五章　鼓励会展及相关企业入区发展

第十三条　引导规模企业入区发展

支持规模会展企业、直接服务会展活动的商务服务企业落户顺义区发展。对于新设立或新迁入且上一年度营业收入达到 1000 万元以上的企业，在机构落地的第一、第二、第三年，结合企业经济社会发展贡献，分别对其在顺义区内固定办公场所的房屋租赁费用按照实际发生金额的 50%、30%、20% 进行补贴，每年最高补贴金额 200 万元。

第十四条　鼓励企业持续发展

对于助力顺义区会展产业发展的展会活动主办方、承办方、会展机构及相关商务服务企业（场馆除外），结合企业经济社会发展贡献，其年度营业收入较上年每增加 1000 万元，奖励资金 30 万元，最高奖励 300 万元。

第十五条　支持引进产业高端人才

对于会展行业贡献突出企业、高成长企业和快速发展新入区企业高级管理人员（核心团队），依据其年度贡献，推荐申报区级高精尖企业高级管理人员资金奖励。对于符合顺义区"3+4+1"产业格局的会展企业或直接服务会展活动的商务服务企业，依据发展前景、财税贡献等因素，在毕业生引进指标分配上予以倾斜，并优先推荐列入计划单列企业名单。

第六章　鼓励以会展经济带动产业生态体系建设

第十六条　支持优质企业参展

对于在顺义区举办具有行业影响力的"专业展、新兴展、国际展"，按展会主办方邀请顺义区规模以上企业参展数量达到10家、20家、30家，分别给予主办方10万元、20万元和30万元奖励。

第十七条　支持绿色办展

鼓励展会运用设计简约化、构件模块化、材料低碳化理念，采用绿色环保可循环利用材料搭建"绿色特装展位"。对于"绿色特装展位"面积占比特装展位面积达到30%的展会项目，给予主办方30万元奖励；在此基础上，"绿色特装展位"面积每增加1万平方米，给予10万元奖励。每个展会项目每年只能申请一次奖励资金，最高奖励金额100万元。

第十八条　支持展会场馆绿色升级改造

对于整合展馆服务功能，利用符合循环经济、节能环保和安全健康的理念对展馆进行软硬件改造的场馆运营方，按项目投入资金的30%给予补贴，每年补贴金额最高300万元。

第十九条　支持展馆打造首发中心

支持以展览馆为承载地，举办知名国际品牌首发活动，对获得市级（含）以上首发中心认证的展览场馆，给予50万元一次性奖励。

第七章　附则

第二十条　申报奖励的市场主体应按照区商务局发布的申报指南按时申报，区商务局可委托第三方机构组织专家或自行组织对申报材料进行综合评审，通过评审的项目将进行公示，公示期满后进行项目奖励资金拨付。

第二十一条　经奖励的展会活动主办方须承诺该展会连续三届在顺义办展；其他接受奖励或补贴的主体应在获得资金之日起五年内不存在重大违法违规经营等情况，否则应退回本办法对其支持的全部资金。

第二十二条　区商务局负责会展业发展奖励资金相关认定工作，负责自行组织或委托第三方机构组织项目专家评审并出具评审报告。

第二十三条　区商务局有权对申报项目进行不定期检查，对于提供虚假材料、骗取财政资金、存在违法违规情况的市场主体，区商务局有权收回所有资金，并根据国家相关法律、法规进行处理，同时不再给予任何奖励。

第二十四条　本办法执行期间如遇国家及本市、本区相关政策及法律法规的变动，将进行相应调整，区商务局对本办法的执行与修订具有最终解释权。

第二十五条　本办法自印发之日起实施，有效期四年。

第五部分　附　录

2024 年境外重要会展经贸活动汇总

序号	名称	时间	地点	展览面积	内容	行业
1	美国拉斯维加斯消费电子展览会 International Consumer Electronics Show（CES）	1月9日至12日	美国拉斯维加斯会展中心	18万平方米	创始于1967年，每年一月在拉斯维加斯举办，是世界上规模最大、影响最为广泛的消费类电子技术年展，也是全球最大的消费技术产业盛会。展会云集消费类电子厂商和IT核心厂商，展示先进的技术理念和产品，吸引了众多的高新技术设备爱好者、使用者及业界观众。	消费电子
2	英国教育技术及设备展览会 BETT UK	1月24日至26日	英国 ExCel London 国际会展中心	3.9万平方米	BETT得到了英国教育供应商协会（BESA）及世界教具联合会的大力支持，是国际上规模及影响力都首屈一指的教育教学技术及设备展会。该展会参观观众数量、参与国别数量在全球行业内排名第一，同期举办近200场教育论坛活动，拥有着顶级的全球影响力，因此也成了国际教育技术及设备行业发展的重要风向标。	教育信息化
3	德国法兰克福消费品展览会 Home of Consumer Goods	1月26日至30日	德国法兰克福国际会展中心	31.2万平方米	由春季Ambiente展（简称：法春）、Christmas world展（圣诞节庆用品展）以及Creative world展（手工、创意、办公用品、文具展）组成，一次性提供了数量可观且面向未来的优质产品，是全球规模最大、影响力最广的消费品礼品类展会。聚集了全球各个国家和地区的商家来此交易，已成为国际消费品行业未来一年发展趋势的风向标。	消费品
4	阿拉伯（迪拜）国际医疗设备博览会 Arab Health	1月29日至2月1日	阿联酋迪拜世界贸易中心	7.5万平方米	中东地区展览规模最大、展品种类较为齐全、展览效果良好的国际专业医疗设备展览会，1975年首次举办。展品范围：医疗器械与仪器设备，一次性医疗用品，医用保健器材及用品，中医传统医用仪器与康复器具，血液透析设备，麻醉呼吸设备，家庭保健用品及小型保健仪器，康复、理疗仪器和用品，电子医学仪器，牙医用具，医院办公用品，运动医学用品等。	医疗器械

续表

序号	名称	时间	地点	展览面积	内容	行业
5	中东游戏展览会 ME Gamescon	2月9日至11日	阿联酋阿布扎比国家会展中心	5万平方米	中东地区第一个专业游戏展，能够在线观看电子竞技、特别嘉宾、独家揭秘、游戏奖项，等等。展品范围：游戏、设备、软件、动漫及服务和技术等。	动漫游戏
6	印度国际太阳能技术博览会 Inter Solar India	2月21日至23日	印度古吉拉特邦甘地讷格尔展览中心	2万平方米	印度规模最大的专业光伏类展览会，东南亚地区最具影响力的光伏类专业展览会之一，聚焦光伏太阳能领域，为光伏太阳能市场的从业者提供交流合作平台。展品范围：太阳能光伏产品、太阳能集热采暖设备、太阳能建筑及工程应用、太阳能其它应用产品等。	太阳能光伏
7	西班牙巴塞罗那世界移动通信大会 MWC	2月26日至29日	西班牙巴塞罗那会展中心	11万平方米	全球移动通信领域最大、最具影响力的展览会之一，由全球移动通信系统协会（GSMA）主办，每年在西班牙巴塞罗那举办，展示最新移动通信技术、手机、智能设备、移动应用、网络技术、物联网、云计算等方面的产品和服务。	通讯通信
8	韩国首尔国际新能源车、充电设备及电池材料展览会 The EV KOREA 2024	3月6日至8日	韩国首尔COEX展览中心	2.35万平方米	首尔市政府主办并承办的唯一电动车博览会，韩国专业的电动车展览会，已成功举办10届，展示最新的电动汽车及相关技术。展品范围：电动车、电动摩托车、电动三轮车、电动自行车、高尔夫球车、滑板车等整车，以及充电桩、连接器及线束、车联网、租赁/租约、相关的认证和生产设备、研究机构等。	新能源汽车
9	意大利米兰国际供暖、制冷及卫浴展览会 Mostra Convegno Expocomfort （MCE）	3月12日至15日	意大利米兰国际会展中心	5万平方米	始办于1960年，每两年一届，是世界上该行业著名的展览会之一，展示各种新产品、新技术以及先进的服务项目。展品范围：供暖、能源、制冷、供水、卫浴等相关设备。	工业制造

序号	名称	时间	地点	展览面积	内容	行业
10	2024年中东(迪拜)国际电力、照明及太阳能展览会 MIDDLE EAST ENERGY DUBAI 2024	4月16日至18日	阿联酋迪拜国际会展中心	5万平方米	世界上最大的电力能源行业国际性展览会，有"世界五大工业活动之一"的美誉，于1975年开始举办，每年一届。展会致力于成为电力、照明、自动化、新能源以及核能领域最大最优秀的专业贸易平台，吸引全球数以万计的贸易机会。展会所展出的高科技产品及技术和最新研究成果代表了世界电力能行业的发展方向。	太阳能光伏
11	哈萨克斯坦(阿斯塔纳)国际汽车零配件及售后服务展览会 Automechanika Astana 2024	4月17日至19日	哈萨克斯坦阿斯塔纳世博会国际展览中心	8000平方米	全球成功的B2B展会品牌Automechanika在中亚地区举办的首个展会，于2016年首次举办，与中亚(阿斯塔纳)国际商用车 Futuroad Expo Astana 同期同馆举办。展品范围：商用车、客车、零配件、道路运输及相关服务等。	工业制造
12	印度孕婴童展2024 CBME India 2024	4月18日至20日	印度孟买国际展览中心	待定	成熟的一站式贸易展览会，搭建母婴、服装、营养品和相关领域新产品、新技术、新趋势的平台，汇集儿童、母婴行业买家、制造商、分销商、供应商和卖家。	母婴
13	德国汉诺威工业博览会 HANNOVER MESSE	4月22日至26日	德国汉诺威会展中心	12万平方米	始办于1947年，是世界规模最大的国际工业盛会，是联系全世界技术领域和商业领域的重要国际活动。2024德国汉诺威工业博览会(HANNOVER MESSE 2024)展览将设置创新技术及未来生产、能源解决方案、工业零部件及解决方案、数字生态系统、自动化动力及传动和全球商业市场等六大主题展区。	工业制造
14	波兰国际可再生能源展览会 GREEN POWER	4月23日至25日	波兰波兹南国际展览中心	1万平方米	波兰国际可再生能源展览会聚集了太阳能、风能、水和生物燃料能源的设备制造商和供应商。展品范围：光伏发电、沼气、生物燃料、水力发电、风能、地热能、能源和金融资讯、从可再生能源和分布式获取电和热的技术、基于可再生能源的技术、颗粒生产设备和技术生产线。	能源

序号	名称	时间	地点	展览面积	内容	行业
15	德国国际假肢、矫形器及康复技术大会暨展览会 OTWORLD	5月14日至17日	德国莱比锡国际展览中心	4.5万平方米	始于1973年，是全球大的假肢，矫形器及康复技术展览会之一。展品范围：假肢和矫形器、矫形鞋技术、技术康复、工作室配件、家具和设备、原材料、辅助材料和消耗品、外科零售商店和医疗技术、压迫疗法、商店配件和设备、研究和开发、教育和培训、服务机构和出版社、专业协会和组织。	医疗康复
16	英国伦敦百分百设计展 100%DESIGN	5月21日至23日	英国伦敦	2万平方米	1995年创办于伦敦，是英国最大、深受全球瞩目的商业型设计展会，也是同类展会中唯一由专家陪审团选出参展商的展会，英国年度设计盛事——伦敦设计周的重要组成部分，以宣传和推广高质量设计作品而获得全球声誉，成为引领世界设计风向的顶级盛会之一。展品范围：室内设计、工业设计、家具设计、消费品产品设计等。	设计
17	"科技万岁"欧洲科技创新展 Viva Technology	5月22日至25日	法国巴黎凡尔赛门巴黎会展馆	9.1万平方米	创办于2016年，致力于促进初创企业的成长、创新以及数字化转型，是欧洲最大的科技类展会。涵盖人工智能、能源及气候技术、未来体育、网络安全、食品科技、市场营销与广告等。	科技
18	东京国际办公家具及管理设施展 ORGATEC TOKYO	5月29日至31日	日本东京有明国际会展中心	2万平方米	亚洲领先的办公家具展，展示最具创新性和最先进的办公家具及最先进的工作场所设计和解决方案。展品范围：办公家具、设备设施、灯具、音视频技术、财务系统、配件等。	办公家具
19	希腊船舶海事展览会 Posidonia	6月3日至7日	希腊斯帕塔大都会博览会	3.2万平方米	世界船舶及航运行业中船东观众最多、参展效果最好的展会之一，该展会得到希腊政府和希腊船东协会的大力支持，吸引来自全球的造船、航运、港口业界人士积极参展。	船舶海事
20	第32届俄罗斯国际煤矿机械展 UGOL MINING	6月3至7日	俄罗斯新库兹涅茨克	6.7万平方米	俄罗斯首屈一指的采矿技术及煤矿设备展览会，是一个集采矿技术、勘探、地下开采、露天开采、选矿和选煤为一体的国际贸易展会，是俄罗斯唯一针对矿业上下游所有部门的活动。	石油化工

续表

序号	名称	时间	地点	展览面积	内容	行业
21	波兰波兹南国际工业博览会 ITM EUROPE	6月4日至7日	波兰波兹南国际展览中心	6万平方米	波兰及中欧地区最具影响力的工业展览会。聚集了来自世界各地的最新技术、金属加工和自动化生产领域上有所造诣的专业人员。展品范围：机械设备及工具、智慧工业、冶金、铸造及金属工业、表面处理技术、焊接、3D解决方案、工业研究。	工业
22	英国国际工业分包展览会 SUBCON	6月5日至6日	英国伯明翰国家展览中心	3万平方米	国际分包领域重要展会之一，每年6月在英国举办，是承揽来样、来图加工及分包零配件加工业务的专业展览会，吸引来自加工制造、工程设计及供应链领域的专业人士参展参会。展品范围：汽车制造、电子器件、航空航天工业、材料加工、能源、铁路建设、石油及天然气、防御健全等。	工业贸易
23	第34届德国阿赫玛生物化学技术展览会 ACHEMA	6月10日至14日	德国法兰克福	13万平方米	自1920年开始举办，每三年举办一届，是化学工业、环境维护和生物技能范畴规模最大、最具影响力的专业展会。展品范围：实验室设备设施与分析技术，机械加工的设备、仪器、工具、机械，热处理工具、仪器、机械、设备，工业测控设备，化学工程材料等。	化工与生物技术
24	伦敦人工智能峰会 The AI Summit London	6月12日至13日	英国伦敦	待定	伦敦人工智能峰会是伦敦科技周（London Tech Week）的旗舰峰会，峰会关注探讨世界前沿的新兴人工智能科技、发布新技术信息，是集展会和论坛于一体的科技盛会。展品范围：商业智能、数据安全、研究与发展、数据采集/处理/存储。	人工智能
25	德国慕尼黑国际电池储能与智慧能源博览会 EES Europe and the Smarter E Europe	6月19日至21日	德国慕尼黑	2万平方米	欧洲规模最大、影响最深的专业电池储能展会，聚集了全球业内知名企业。展品范围：电池储能技术、智能电网、国际新能源汽车及充电桩等。	能源储能

续表

序号	名称	时间	地点	展览面积	内容	行业
26	俄罗斯莫斯科航空航天展览会 MAKS	7月1日	俄罗斯莫斯科	7万平方米	全球领先的航天航空科技盛宴，同期举办各类会议、圆桌讨论和研讨会，全景展示俄罗斯航空集群，以及其航空航天中心的创新和新技术的成就。在展会上还将进行飞行项目演示。	航空航天
27	欧洲国际自行车及配件展览会 Euro Bike2024	7月3日至7日	德国法兰克福国际展览中心	15万平方米	国际上三大自行车展之一，专业性强、影响力大，是行业的风向标，吸引全球众多的公司展示各自公司的产品和品牌推广，并与国外客户、采购商进行合作交流。展品范围：自行车整车、零部件及配件、童车、青少年自行车和骑行服等。	工业制造
28	德国科隆游戏展览会 Gamescom	8月21日至25日	德国科隆国际会展中心	14万平方米	由德国科隆展览有限公司和科隆国际会展中心联合举办，是一场互动游戏与娱乐展览会。展品范围：游戏、设备、软件、服务和技术等。	动漫游戏
29	英国伯明翰礼品及消费品展览会 AutumnFair	9月1日至4日	英国伯明翰国际展览中心	18万平方米	每年秋季在英国伯明翰举行的一场盛大展会，汇集了来自全球的礼品、家居用品、消费品和装饰品制造商、供应商和买家。展会涵盖了多个行业，包括家居装饰、礼品、家庭用品、饰品、厨房用品、季节性商品等领域。	消费品
30	德国柏林轨道交通展览会 Innotrans	9月24日至27日	德国柏林会展中心	20万平方米	全球规模最大、影响力最广、最全面的轨道交通技术展览会，分为轨道交通技术、轨道基础设施、车辆内饰、公共交通和隧道建设5个展区。室外展区设置长达3500延米的轨道，展示动车组、机车、路轨两用车辆等众多的有轨车辆。还有特殊轨距展示台，专门用于展示宽轨和窄轨轨道车辆。同期举办各种与轨道交通相关的高层研讨会和专业活动。	轨道交通
31	中国－马来西亚（吉隆坡）商品展览会 MCTE 2024	9月	马来西亚吉隆坡世界贸易中心	2万平方米	助力中国企业充分利用品牌会展平台，抢抓RCEP生效带来的政策红利，打造中国产品在东盟国家的重点境外展览和行业交流平台。	消费品

序号	名称	时间	地点	展览面积	内容	行业
32	日本智能制造周	1月24日至26日 9月4日至6日 10月	日本东京 Tokyo Big Sight 千叶 Makuhari messe 名古屋 port messe	5.7万平方米	日本智能制造周包含 Automotive World 日本汽车技术展，Nepcon Japan 日本电子展，RoboDex Japan 日本机器人展，Smart Factory Expo 智能工厂展，Smart Logistics Expo 智能物流展，Green Factory Expo 绿色工厂展，Wearable Japan 智能穿戴展，一年三届，2024年1月24—26日东京展，9月4—6日千叶幕张展，10月名古屋展。展会作为世界领先级的汽车工业技术和电子研发、制造技术平台，多展合一，强强联合，为汽车及电子制造领域的专业人士带来了众多前沿技术信息。	智能制造
33	德国慕尼黑欧洲新能源汽车博览会 eMOVE 360 2024	10月15日至17日	德国慕尼黑	5万平方米	德国新能源车展是汇聚世界新能源车领域专业人士的顶级国际博览会，展示电动车、混合动力车、蓄能技术、驱动与引擎技术、能源、基础设施和金融服务等，并提供测试和试驾区，买家和研发人员可现场体验新的电能动力车及新技术应用。特斯拉、奥迪、日产。	新能源汽车
34	德国法兰克福书展 Frankfurter Buchmesse	10月16至20日	德国法兰克福	17万平方米	于1949年由德国书业协会创办，是世界最大和最重要的图书博览会，被誉为"世界文化风向标""世界出版人的奥运会"，在世界国书出版文化事业中具有极高的影响力，也是各国出版机构积极展示出版与创新成果、增进行业沟通交流的重要平台。 展品范围：图书、漫画、艺术书籍、教育、文学、宗教、旅游、出版解决方案和图书贸易服务等。	出版发行
35	杜塞尔多夫医疗器械展览会 MEDICA 2024	11月11日至14日	德国杜塞尔多夫	15万平方米	世界知名综合性医疗展览会。展示从门诊治疗到住院治疗整个领域内的各种产品和服务，参展产品包括了医疗设备、医疗通信信息科技、医用家具设备、医用场地建筑技术、医疗设备管理等。	医疗

续表

序号	名称	时间	地点	展览面积	内容	行业
36	2024 土耳其伊斯坦布尔国际玻璃展 Eurasia Glass 2024	11月16日至19日	土耳其伊斯坦布尔 YUYAP 展览中心	12万平方米	经 UFI 认可的专业展会，欧亚大陆地区最重要的玻璃工业贸易展览会。汇集了欧洲不同分支机构运营的本地和国际公司玻璃工业。其参展范围之广、品种之全、数量之多，在国际玻璃展上颇有影响。 展品范围：工业玻璃产品、玻璃生产技术、玻璃生产机械、玻璃加工机械、钢化玻璃、平板玻璃、夹胶玻璃等。	工业制造
37	迪拜五大行业 展览会 BIG5 2024	11月26日至29日	阿联酋迪拜	11万平方米	中东地区建筑制造业规模最大、专业性最强的建筑、建材及服务类展览会，为来自全球的建筑设备、机械、建筑车辆及设备、材料供应商，提供商业交流机会。 展品范围：空调制冷，水暖、水处理技术，建筑材料，清洁及维护设备，石材及石材技术设备等。	建筑建材、节能环保
38	德国慕尼黑户外及体育用品展览会 ISPO Munich	12月3日至5日	德国慕尼黑	18万平方米	全球最知名和最权威的户外及体育用品展览会，始办于1970年。展出内容包括了所有与体育用品有关的各类产品及有关工业。展会期间还将举办精彩会议，邀请重要人士发表主题演讲。	休闲体育
注：实际情况以展会官方发布为准。						

北京主要会展场馆简介

Brief Introduction of
Major Exhibition Venues
in Beijing

中国国际展览中心（朝阳馆）

中国国际展览中心（朝阳馆）始建于 1985 年，拥有 8 个展馆，约 6 万平方米室内外展览面积，1.6 万平方米停车场，是促进国内外经济活动的重要展会平台，也是举办年会、发布会及其他公司活动的理想场地。

北京国际摩托车展览会

重点展会项目：北京国际摩托车展览会、北京图书订货会、中国国际珠宝展、中国国际眼镜业展览会、北京国际广播电影电视展览会等。

地　　　　址：北京市朝阳区北三环东路六号

联 系 电 话：010-80460896

中国国际展览中心（朝阳馆）全景

中国国际展览中心（朝阳馆）1 号馆

中国国际展览中心（顺义馆）

中国国际展览中心（顺义馆）由中国贸促会投资建造，总建筑面积为 23.14 万平方米，包括 8 个可分合的单体、单层、无柱、大空间展厅，室内展览面积 10.68 万平方米，室外展场约 5 万平方米。自 2008 年投入使用以来，吸引了众多国内外知名大中型展会在此举办，推动了北京会展的快速发展。

重点展会项目：中国国际供应链促进博览会等。

地　　　　址：北京市顺义区天竺地区裕翔路 88 号

联 系 电 话：010-80468233

中国国际展览中心（顺义馆）外景

2023 首届中国国际供应链促进
博览会开幕式现场

2023 首届中国国际供应链促进博览会

北京国际汽车展览会

国家会议中心

国家会议中心由北京北辰实业股份有限公司投资建设，于 2008 年建成，总建筑面积约 53 万平方米。其中，会议中心主体建筑面积 27 万平方米，配套设施建筑面积约 26 万平方米，运营项目包括会议、展览、餐饮、酒店、写字楼等。

重点展会项目：中国国际服务贸易交易会、"一带一路"国际合作高峰论坛等。

地 址：北京市朝阳区天辰东路 7 号

联系电话：010-64991899

国家会议中心外景

中国国际服务贸易交易会会场内

中国国际服务贸易交易会会场内

第三届"一带一路"国际合作高峰论坛外景

中关村国家自主创新示范区展示中心

中关村国家自主创新示范区展示中心，由北京市于 2010 年批准设立，常设室内展览面积 1.6 万平方米，设置序厅、中关村这十年、前沿信息科技、高端制造、生命科学与医疗健康、绿色双碳、前沿大赛等展区。

重点展会项目：人工智能、新能源智能网联汽车、细胞与基因治疗等十余个产业集群。

地　　　　址：北京海淀区新建宫门路 2 号

中关村国家自主创新示范区展示
中心外景

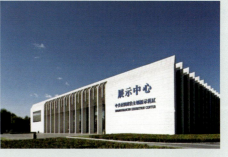
中关村国家自主创新示范区展示
中心外景

中关村国家自主创新示范区展示
中心内厅

中关村国家自主创新示范区展示
中心内厅

全国农业展览馆（中国农业博物馆）

全国农业展览馆于 1958 年经国务院批准兴建，为庆祝新中国成立十周年建设的"首都十大标志性建筑"之一。馆区占地面积 43 公顷，总建筑面积 47177 平方米，包括 10 座具有民族特色建筑风格的展馆和 1 座现代化新型展馆。用于商业展览的有 1 号馆（3000 平方米）、3 号馆（3410 平方米）、5 号馆（1891 平方米）及 11 号馆（13000 平方米）共 4 个展馆，室内展览面积共约 25000 平方米，室外展场面积 40000 平方米。馆区会议室、贵宾室可满足 10~300 人不同规模会议需求。

重点展会项目：中国国际农产品交易会、北京国际设计周、北京世纪家博会等。

地　　　　址：北京市朝阳区东三环北路 16 号

联 系 电 话：010-59198366

全国农业展览馆外景

中国国际农产品交易会外景

北京展览馆

北京展览馆建成于 1954 年，是新中国第一座大型综合性展馆，室内展览面积 2.2 万平方米，主要业态包括展览、演艺、住宿、餐饮、烘焙和跨境零售，下辖展览中心、北展剧场、北展宾馆、莫斯科餐厅、小莫餐厅、莫多多餐厅、老莫啤酒花园、莫斯科餐厅面包坊、俄优品超市、"咖啡·迹"（COFFEE G）等知名品牌。

重点展会项目："奋进新时代"主题成就展、北京国际茶业展等。

地　　　　址：北京市西城区西直门外大街 135 号

联 系 电 话：010-51656940

北京展览馆外景

"奋进新时代"主题成就展

JINGART 艺览北京

2023 北京国际茶业展

首钢园区·首钢会展中心

首钢园区·首钢会展中心工业遗存丰富，占地面积 20 万平方米，拥有 12 座现代化展馆，其中室内展馆 10 处，展览面积 8.5 万平方米；室外 2 座开放式展馆共 9000 平方米，被近 1 万平方米的专属游憩草坪环绕；配套会场 3 处 11 间，是京西独具烟火气息的群落式会展空间。

重点展会项目：中国国际服务贸易交易会、京企直卖——国企消费季。

地　　　　址：北京市石景山区石景山路 68 号

联 系 电 话：010-88292919

首钢园区·首钢会展中心全景　　　　首钢园区·首钢会展中心室外天幕

展厅空馆　　　　　　　　　服贸会现场

北京雁栖湖国际会展中心

北京雁栖湖国际会展中心由北京北控置业集团有限公司投资建设并运营管理，总建筑面积 7.8 万平方米，室内展览面积 1.5 万平方米，内设多个大中小型会议室及精品酒店，是集会议、展览、餐饮、酒店、演艺演出及综合配套服务于一体的综合型会展场馆。

重点展会项目：北京国际电影节，是北京雁栖湖国际会展中心落成以来承接的第一个大型文化活动。2015 年第五节北京国际电影节，宣布落户怀柔。八年来，共有六届北京国际电影节在会展中心成功举办。

地　　　　　址：北京市怀柔区雁栖湖西路 16 号

联 系 电 话：010-61658899

北京雁栖湖国际会展中心外景

北京雁栖湖国际会展中心大宴会厅

北京国际电影节

第十三届北京国际电影节开幕式现场

北人亦创国际会展中心

北人亦创国际会展中心位于北京经济技术开发区核心区，由北京市属国有企业北人集团有限公司出资建设，拥有两个大型展馆、一个会议中心和三个户外广场，其中室内展馆面积30000平方米、三个户外广场总面积30000平方米，业务涵盖会展全产业链，为客户提供一站式会展服务。

北人亦创国际会展中心主体外景

重点展会项目：2023中国网络文学＋大会、2023北京微电子国际研讨会暨 IC WOROD 大会等。

地　　　　址：北京经济技术开发区荣昌东街6号

联 系 电 话：010-67802681

2023北京微电子国际研讨会暨 IC WOROD 大会

2023中国网络文学＋大会现场

北京金海湖国际会展中心

北京金海湖国际会展中心由北京金海湖文旅投资有限公司投资建设，并由北辰集团整体运营。总建筑面积 6.5 万平方米，室内展览面积约 1.86 万平方米，可承接展览、会议、文艺演出、竞技赛事、企业年会、拓展培训等各类活动，构建休闲＋文化、休闲＋体育、休闲＋音乐、休闲＋旅游为一体的精品休闲平台和休闲产业集聚群。

重点展会项目： 金海休闲小镇将服务于整个京津冀地区，把三地会展，休闲，旅游等资源联系起来，以会展中心为引擎，构建"会展生态圈"，促进产业联动，推动京津冀区域休闲旅游协同发展。

地　　　　址： 北京市平谷区金海湖镇金海东路 9 号院

联 系 电 话： 010-69995998

北京金海湖国际会展中心外景

北京金海湖国际会展中心展馆内部

北京金海湖国际会展中心展馆内部

北京金海湖国际会展中心展馆内部

九华国际会展中心

九华国际会展中心场馆室内展览面积为 14.6 万平方米，是集展览、会议、演艺、运动功能于一体的大型会展中心。除展览外，还可接待各类大中小型高端会议和大型演艺活动，并新增大量运动、游乐、商业设施。馆内会议区功能配置灵活，单馆轻松接待万人大会。

重点展会项目：希望之星星路风采英语大赛年度盛典、毕马威公司年会、福特汽车公司活动等。

地　　　　址：北京昌平小汤山碧桂园．九华山庄

联 系 电 话：010-61782288

九华国际会展中心外景

希望之星英语大会年度盛典

毕马威公司年会

福田汽车 2020 活动现场